分県登山ガイド 38

高知県の山

高知県勤労者山岳連盟 著

山と溪谷社

分県登山ガイド――38
高知県の山

目次

●本文地図主要凡例●

紹介するメインコース。

本文か脚注で紹介しているサブコース。一部、地図内でのみ紹介するコースもあります。

Start Goal Start Goal 225m 出発点／終着点／出発点・終着点の標高数値。

管理人在中の山小屋もしくは宿泊施設。

紹介するコースのコースタイムのポイントとなる山頂。

コースタイムのポイント。

管理人不在の山小屋もしくは避難小屋。

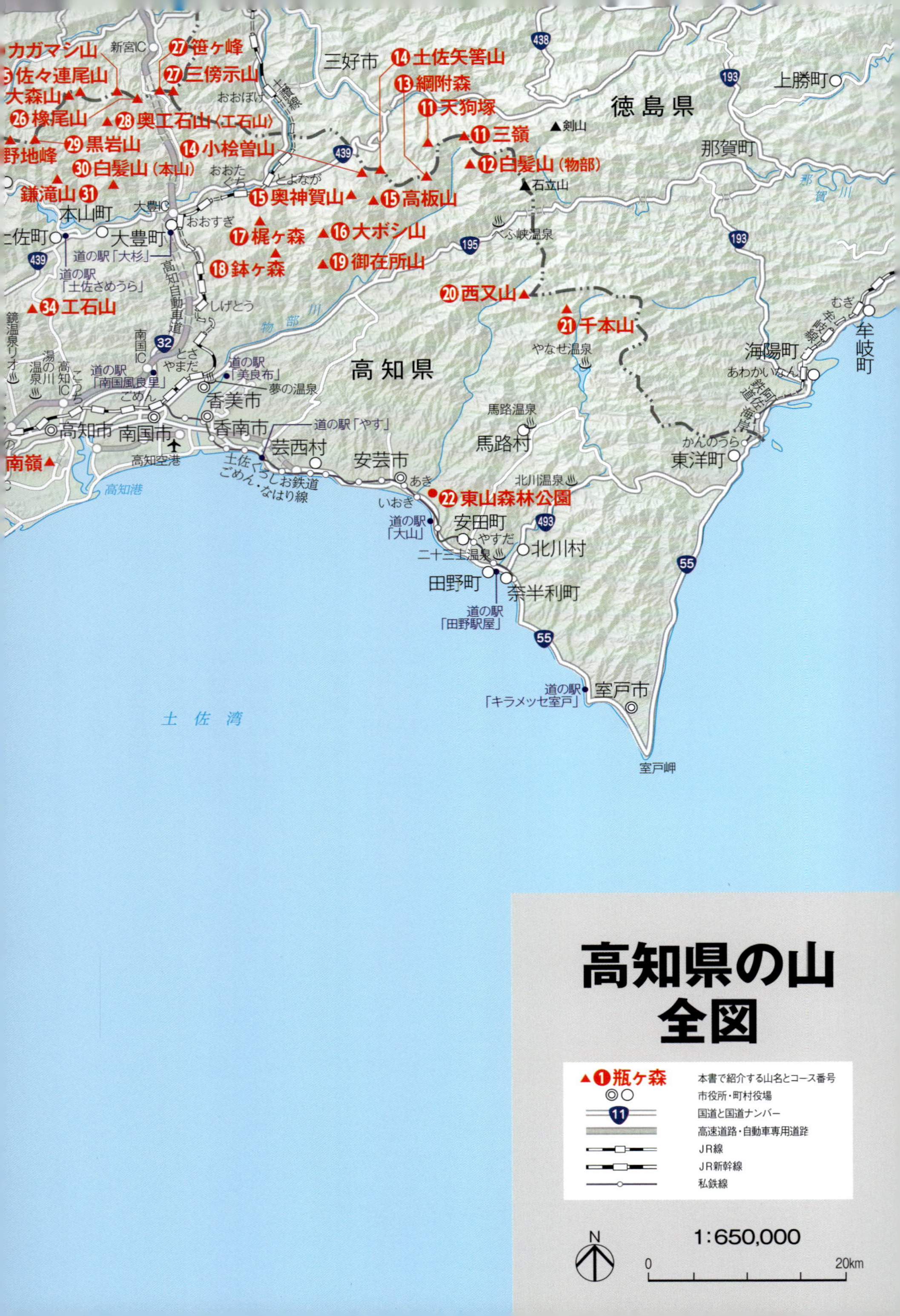

高知県の山全図

▲❶瓶ヶ森	本書で紹介する山名とコース番号
◎○	市役所・町村役場
11	国道と国道ナンバー
	高速道路・自動車専用道路
	JR線
	JR新幹線
	私鉄線

N

1:650,000

0 20km

西条市
新居浜
いよさいじょう
いよ西条IC
いよこまつ
いよ小松IC
松山自動車道
10 大座礼
8 三ツ森山
5 笹ヶ峰
6 平家平
4 寒風山
3 伊予富士
6 冠山
1 瓶ヶ森
道の駅「木の香」
2 子持権現山
24 西門山
7 筒上山
3 東黒森
24 稲叢
7 手箱山
道の駅「633美の里」
23 程野の
9 椿山
35 国見山〈雪光山〉
38 雨ヶ森
吾北むささび温泉
36 高峰
42 雑誌山
39 五在所山
32 鷹羽ヶ森
42 猿越山
43 中津明神山
仁淀川町
中津渓谷ゆの森
道の駅「土佐和紙工芸村」
36 仏ヶ
越知町
日高村
40 横倉山
にしさかわ
37 清滝
佐川町
さかわ
土佐
44 天狗ノ森
とがの
津野町
道の駅「布施ケ坂」
45 不入山
41 蟠蛇森
あそう
須崎東IC
桑田山温泉
須崎市
すさき
梼原町
道の駅「ゆすはら」
46 鈴ヶ森
道の駅「かわうその里すさき」
中土佐町
中土佐IC
47 添蚯蚓
とさくれ
黒潮本陣
道の駅「なかとさ」
土讃線
松葉川温泉
四万十町東IC
道の駅「あぐり窪川」
くぼかわ
四万十町
四万十町中央IC
四万十町西IC
とさたいしょう
道の駅「四万十大正」
予土線
ときしょうわ
道の駅「四万十とおわ」
道の駅「よって西土佐」
えかわさき
ニュー佐賀温泉
黒潮拳ノ川IC
土佐くろしお鉄道中村・宿毛線
道の駅「なぶら土佐佐賀」
とささが
53 八丁山
黒潮町
井ノ岬温泉
道の駅「ビオスおおがた」
とさいりの
52 石見寺山
四万十市
なかむら
平和な湯
四万十温泉
宿毛中村道路
宿毛市
すくも
道の駅「すくも」
三原村
大月町
道の駅「大月」
海癒の湯
道の駅「めじかの里土佐清水」
土佐清水市
柏島
48 妹背山
沖の島
足摺テルメ
足摺岬
松山市
東温市
よこがわら
伊予鉄道
松山IC
川内IC
伊予市
いよし
伊予IC
砥部町
愛媛県
皿ヶ嶺
予讃線
いよながはま
久万高原町
うちこ
いよおおず
内子五十崎IC
内子町
大洲IC
大洲北只IC
大洲市
八幡浜市
やわたはま
うのまち
西予宇和IC
西予市
三間IC
鬼北町
ちかなが
松野町
宇和島北IC
宇和島市
うわじま
宇和島南IC
宇和島道路
49 三本杭
津島高田IC
津島岩松IC
祓川温泉
50 篠山
愛南町
51 松尾峠

概説 高知県の山

中田 宏（高知勤労者山岳会）

●山域の特徴

四国山地は、日本百名山の石鎚《いしづち》山《さん》と剣山《つるぎさん》を盟主に四国を東西に横断するが、高知市を扇の要に見立てると、弧を描くような高知県境の稜線がそれに重なる。中央部は、「四国の屋根」ともいわれる脊梁《せきりょう》部にあたり、土佐《とさ》と阿波《あわ》、伊予《いよ》の境に、東の三嶺《さんれい》、西の瓶ケ森《かめがもり》に代表される高知県を代表する秀峰が並ぶ。核心部の森林限界上部にはやわらかなササ原の尾根が続く独特の雰囲気をもつ2000メートル弱の魅力的な山々が峰を連ねる。県境稜線は、東は東洋《とうよう》町、西は宿毛《すくも》市へと標高をしだいに下げながら海岸線に到達する。

高知県の山のもうひとつの大きな特徴は、県境稜線は太平洋《たいへいよう》と瀬《せ》戸《と》内海《ないかい》の分水嶺では必ずしもないということである。県境南面の水は、すべてが太平洋側に流れ出るのではなく、いの町の旧本川《ほんがわ》村、嶺北《れいほく》（大川《おおかわ》村・土佐町・本山《もとやま》町・大豊《おおとよ》町）の山は吉野《よしの》川水系に属している。吉野川は四国中央部を北上して徳島市に抜けており、非常に複雑な流れ方をしている。

さらにいえば、県西部の山は大きく蛇行しながら流れる「最後の清流」こと四万十《しまんと》川の源流域に多くがあたっている。このように高知県の山を登る際には、水系を意識すると、より山域全体の理解が深まるだろう。

高知県の山の特徴を総じていうと、傾斜がゆるく凡庸＝非アルペン的な山容といえるが、とりわけ森林限界上部のササ原がつくる独特の景観は大いに魅力的であり、ゆったりと登る登山を楽しむことができるだろう。

●ニホンジカの食害について

今日、高知県の山を語るときにどうしても避けられない問題が、ニホンジカの食害を要因にした環境の激変である。シカの食害による重大なダメージは、県西部の三《さん》本杭《ぼんぐい》（四万十市）、県東部の三嶺・石立山《いしだてやま》周辺で、10数年前から全国に先駆けて顕在化した。

当初はモミなどの樹皮はぎが目立つ程度であったが、山中のスズタケや下草、さらには高知県の山の最大の魅力といえる稜線のササ原までにも甚大な被害が出て短期間で消失する事態にまでいたり、高知県民に衝撃を与えた。

ニホンジカの食害は景観のみならず、登山そのものにも大きな影響を与えている。かつてはスズタケが密集しており踏跡を忠実にたどれば迷うことのなかった箇所で、スズタケが消失してしまったためルートが判然としなくなり、さらにはシカが付けた獣道をルートと見誤って道迷いを引き起こす遭難事故が多発している。最近の登山ブームで、経験の浅い登山者が多く山に入ることになったことも相まって懸念される。

また、シカの食害による植生消失の二次被害として、山が荒廃して保水力が弱まり、降雨のたびに土壌の流出が著しく増加している

剣山系・三嶺の山頂。標高1894メートルは高知県の最高峰となる

ササ原の爽快な稜線が続く平家平への道

ため、斜面崩壊が深刻になり、登山道の寸断が非常に目立っている。

被害の拡大を防ぐには、植生の防護とともに、増えすぎたシカの頭数を減らす必要がある。三嶺山域では高知県勤労者山岳連盟も参加する「三嶺を守る会」や「三嶺の森をまもるみんなの会」の粘り強い取り組みにより、当初は駆除に消極的だった環境省や林野庁も含め、高知県と香美《かみ》市、猟友会などが力を入れるようになり、山を守るためにシカを駆除する県民的な合意が生まれている。

とはいえ、最深部での駆除作業は非常に困難であり、また駆除しても失われた環境がもと通りに戻ることはない。駆除により白髪山《しらがやま》周辺の日当たりのよい稜線のササは回復したが、林床の下草は日当たりが悪く、表土がなくなってしまっているので再生は困難であり、土砂流出を食い止める手段がないのが実情である。

被害が大きくなる前に食い止めるのが最も重要であり、いの町の石鎚山系、平家平《へいけだいら》、瓶ヶ森、笹ヶ《ささが》峰《みね》方面などへの被害の拡大を防ぐことが肝要である。

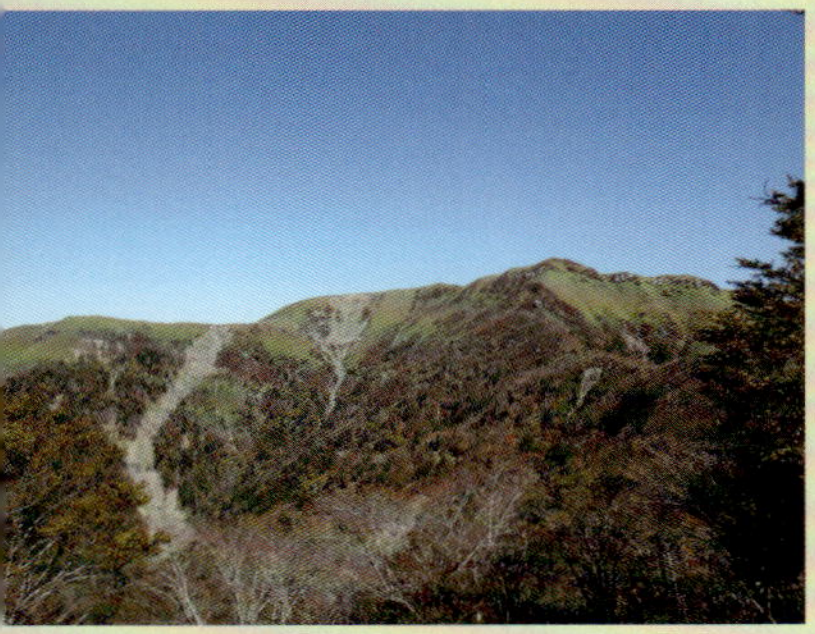

崩壊が進む山腹（三嶺）

●山へのアクセス

公共交通機関の衰退に伴い、一部の例外を除けばマイカーがないと登山ができない。石鎚山系方面、三嶺方面とも高知市がアクセスの起点となり、2時間程度で登山口に着けるはずだ。三本杭など四万十川水系の山は、高知市から登山口まで3時間をみてほしい。

台風や豪雨により、林道などが急遽通行止めになることも少なくない。前述したシカの駆除作業による登山規制も山域によっては頻繁にあるので、登山の直前には地

太平洋を望む山歩きもいい（八丁山）

元自治体等に通行の可否を確認しておくことをすすめる。

●登山シーズン

高知県の真夏は暑く山に虫がわくこともあるので、やはり春秋がベストシーズン。夏は熱中症対策、水を多めに持つようにしてほしい。

冬は1000ﾒｰﾄﾙ以下の山であれば積雪を気にする必要はないが、県境稜線は南国とはいえ、積雪がかなりある。とくに石鎚山系に属する瓶ヶ森、笹ヶ峰周辺の山々は、中国大陸からの寒気が豊後《ぶんご》水道を渡って吹きつけるため、強い季節風と大量降雪があり、本格的な冬山装備が必要となる。三嶺・天狗《てんぐ》塚《づか》方面も降雪直後は手強い。三嶺・天狗塚方面は避難小屋が充実していることもあり、単独で冬期の小屋泊をする登山者が目立つが、やはりトラブルがあった時に単独では万事休すであり、とくに冬期はグループ登山をすすめたい。

また冬期は、車によるアクセスに大きな影響がある。冬期通行止めや、除雪が期待できない道路も多い。事前の情報収集は当然だが、チェーン、スタッドレスタイヤは必携である。

冬山登山も楽しいが、装備は十分に（天狗塚付近）

●アクシデント対応

女性的な山容が特徴的な高知県の山では、転滑落を直接原因とする事故もあるが、多いのが道迷い系の事故だ。前述の通り、シカの食害の多い山域ではルートが荒廃し、道迷いを誘発しやすくなっている。また山腹には林業用の作業道や国土地理院の地形図に載っていない道が入り組み、反対に地図にはあるが実際にはなくなっている道も多く、「道」をあてにできない。

山域の概念をよくつかみ、地形から現在位置を把握できるスキルの向上は欠かせない。紙の地形図とコンパスが苦手という方は、スマホ等のGPSの利用も推奨したい。山岳会関係者としては、紙地図にこだわってほしい気持ちはあるが、遭難防止に役立つものなら活用していくべきであろう。ただバッテリーが切れたらおしまいなので、予備電池はお忘れなく。

携帯電話は稜線なら8割方は入るが、三嶺方面は不感地帯が多い。稜線から少し下ればほとんど入らず、谷では人家のすぐ近くでなければまったく入らない。

道迷いは例外なく下山途中に起こる。ルートを外してどこにいるのかわからなくなった際は、とにかく登り返すことが大事である。ずるずると下り続けると谷に入りこみ、重大事態に陥る。登り返せば大事にはいたらないことを肝に銘じてほしい。

下山不能と判断した場合には、

5月にはツツジが山中を彩る（奥工石山・アケボノツツジ）

かつての街道や遍路道をたどるコースも多い（添蚯蚓）

通信手段を確保して躊躇せず救助要請を119、110にする。今日の山岳救助の主役はヘリコプターであり、高知県消防防災航空隊は「りょうま」「おとめ」の2機体制で高い救助能力を有し、高知県警にも「くろしお」が配備されている。ヘリは日没までしか飛べないので、早い時間に要請があれば、その日のうちに発見して救助できる可能性が高くなる。

　ヘリ救助では山中で遭難者を特定するのが肝心であり、なるべく開けた尾根などで発見してもらえる努力をしなければならない。現在位置を通報するのにGPSで緯度経度情報を伝えるのは有効である。ヘリでピックアップすることができなければ、地元消防団を中心とする地上部隊の出動になり、社会的コストが大きくなり、生存率も低下する。高知県のような過疎地で地上部隊を出すのは、マンパワー的にも経済的にも大変であり、早期のヘリによる救助がもっとも効率的であるといえる。

　高知県の山でも重大な死亡事故が発生している。事前によく情報を収集し、無理のない計画を立て、しっかりした装備をもって楽しんでもらいたい。

夏は分岐の標識がやぶに埋もれていることも(カガマシ山)

本書の使い方

■日程　高知市をはじめ高知県内の各都市を起点に、アクセスを含めて、初・中級クラスの登山者が無理なく歩ける日程としています。

■歩行時間　登山の初心者が無理なく歩ける時間を想定しています。ただし休憩時間は含みません。

■歩行距離　2万5000分ノ1地形図から算出したおおよその距離を紹介しています。

■累積標高差　2万5000分ノ1地形図から算出したおおよその数値を紹介しています。は登りの総和、は下りの総和です。

■技術度　5段階で技術度・危険度を示しています。は登山の初心者向きのコースで、比較的安全に歩けるコース。は中級以上の登山経験が必要で、一部に岩場やすべりやすい場所があるものの、滑落や落石、転落の危険度は低いコース。は読図力があり、岩場を登る基本技術を身につけた中～上級者向きで、ハシゴやクサリ場など困難な岩場の通過があり、転落や滑落、落石の危険度があるコース。は登山に充分な経験があり、岩場や雪渓を安定して通過できる能力がある熟達者向き、危険度の高いクサリ場や道の不明瞭なやぶがあるコース。は登山全般に高い技術と経験が必要で、岩場や急な雪渓など、緊張を強いられる危険箇所が長く続き、滑落や転落の危険が極めて高いコースを示します。『高知県の山』の場合、が最高ランクになります。

■体力度　登山の消費エネルギー量を数値化することによって安全登山を提起する鹿屋体育大学・山本正嘉教授の研究成果をもとにランク付けしています。ランクは、①歩行時間、②歩行距離、③登りの累積標高差、④下りの累積標高差に一定の数値をかけ、その総和を求める「コース定数」に基づいて、10段階で示しています。が1、が2となります。通常、日帰りコースは「コース定数」が40以内で、～(1～3ランク)。激しい急坂や危険度の高いハシゴ場やクサリ場などがあるコースは、これに～(1～2ランク)をプラスしています。また、山中泊するコースの場合は、「コース定数」が40以上となり、泊数に応じて～もしくはそれ以上がプラスされます。『高知県の山』の場合、が最高ランクになります。

紹介した「コース定数」は登山に必要なエネルギー量や水分補給量を算出することができるので、疲労の防止や熱中症予防に役立てることもできます。体力の消耗を防ぐには、下記の計算式で算出したエネルギー消費量(脱水量)の70～80％程度を補給するとよいでしょう。なお、夏など、暑い時期には脱水量はもう少し大きくなります。

	時間の要素		距離の要素		重さの要素
行動中のエネルギー消費量(kcal) =	1.8×行動時間(h)	+	0.3×歩行距離(km) + 10.0×上りの累積標高差(km) + 0.6×下りの累積標高差(km)	×	体重(kg)+ザック重量(kg)
	山側の情報 ― 「コース定数」				登山者側の情報

＊kcalをmlに読み替えるとおおよその脱水量がわかります

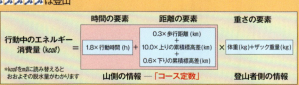

01 誰もが登れる高知を代表する山

瓶ヶ森

かめがもり
1897m

日帰り

歩行時間＝1時間40分
歩行距離＝2・5km

技術度 ▲▲▲▲▲（1）
体力度 ●●●●●（1）

コース定数＝6	
標高差＝222m	
累積標高差	↗ 235m ↘ 235m

瓶ヶ森・女山山頂から石鎚山を望む

一面にササ原が広がる氷見二千石原

高知県いの町本川《ほんがわ》と愛媛県西条《さいじょう》市の県境稜線に位置する瓶ヶ森は、「四国三郎」の異名をとる吉《よし》野《の》川の源流にあたり、いの町道瓶ヶ森線脇には源流点の石碑が置かれている。ここに端を発した吉野川の流れは、四国の水がめ・早明浦《さめうら》ダムや大歩危《おおぼけ》・小歩危《こぼけ》の急流を経て、徳島市まで四国を横断している。

かつては奥深い、重厚な山であった瓶ヶ森であるが、町道瓶ヶ森線（通称UFOライン）が「瓶ヶ森林道」として開発されてからは、片道1時間程度で誰でも簡単に登れる山になった。

起点となる瓶ヶ森駐車場は広く、20～30台は駐車できる。駐車場上の**登山口**から入山する。すぐに氷見二千石原《ひみにせんごくばら》のササ原と男山《おやま》方面へとルートは分かれるが、男山への道は下山に使うとして、まずはゆるやかな二千石原コースへと入っていく。

ササ原に包まれながらトラバー

男山山頂から望む瓶ヶ森（女山）

手箱山から見る瓶ヶ森。右のピークは西黒森

スし、**瓶ヶ森避難小屋前の分岐**を右に折れ、斜面を直登する。春には足もとの階段に運がよければショウジョウバカマが咲いている。

登山口から1時間で広い瓶ヶ森（**女山**《めやま》）山頂に着く。眼下の氷見二千石原のササ原、西条市の街並みと瀬戸内海《せとないかい》は見ごたえがある。ササ原の向こうには雄大な石鎚山《いしづちさん》が望める。

ここから南正面の祠のある男山に向かう。**男山**は切り立つ崖にあり、山頂には祠がふたつ祀られ、信仰の山であることがうかがわれる。

男山から尾根道を下るが、ロープの張られた崖もあり、慎重に足を運ぼう。ほどなく**登山口**に戻ってくる。

時間があれば、瓶ヶ森の東側に続く西黒森《にしくろもり》まで足を延ばすのもよい（女山から約1時間10分）。また、下山口に車を配置すれば自念《じねん》子《ご》ノ頭《かしら》や伊予富士《いよふじ》あたりまで行くこともでき、「四国の屋根」の核心部の縦走を楽しむことができる。

登山口から男山を望む

↑瓶壺に生息するイシヅチサンショウウオの幼生

←瓶ヶ森に咲くツマトリソウ。開花は5月下旬

＊コース図は13ページ、14・15ページを参照。

伊吹山への稜線から望む冬の瓶ヶ森

瓶ヶ森に咲くイシヅチザクラ。開花は5月中旬から下旬

■鉄道・バス

登山に適した公共交通機関はない。

■マイカー

高知市からいの町へ向かい、仁淀川大橋手前から国道194号を西条市方面へ。旧寒風山トンネル南口からいの町道瓶ヶ森線に入り、1時間程度で瓶ヶ森駐車場。登山口前にはトイレがある。高知市から約2時間30分。いの町本川長沢の信号を左折して県道40号（石鎚公園線）、予佐越峠経由で入ることもできる。所要時間は大差ない。なお、町道瓶ヶ森線、県道40号ともに崩壊や落石が多く、工事による通行止めも多いので、利用する直前に道路状況を当該自治体等に確認しておきたい。

■登山適期

4～11月。町道瓶ヶ森線、県道40号（石鎚公園線）は12月から4月上旬まで閉鎖されるため、紹介したアプローチは使えない。

■アドバイス

▽冬期の町道瓶ヶ森線と県道40号（石鎚公園線）が閉鎖されている時に瓶ヶ森に登るには、白猪谷から入る以外に方法がない。車でいの町寺川集落を経てバンガローのある秋切橋まで入るか、あるい林道終点（路面は荒れている）まで入ることができればアプローチを短縮できるが、それでも瓶ヶ森までは距離があるので、シラサ避難小屋を使ったりテント泊などの計画でないと苦しい（白猪谷経由のコースは16ジ「子持権現山」を参照のこと）。

▽宿泊施設は、愛媛側に瓶ヶ森避難小屋が2018年に完成した。バイオトイレは冬期使用不可。

▽高知市方面に帰る場合は、国道194号沿いの、道の駅木の香（☎088・869・2300）で休憩できる（温泉もある）。休日には、地元の農産物やおでん、アメゴの塩焼き等を販売する「木の香市」も出ている。

▽旧国道194号への分岐の先の一の谷やかた（☎088・869・2666）で食事ができる。

■問合せ先

いの町本川総合支所☎088・869・2111

■2万5000分ノ1地形図

瓶ヶ森

CHECK POINT

瓶ヶ森駐車場の奥に登山口への入口がある

町道瓶ヶ森線そばの登山口。「瓶ヶ森自然休養林」の看板が立っている。写真の正面の道を登っていく

男山・氷見二千石原分岐の標柱。「女山・瓶ヶ森ヒュッテ」の方向へトラバース

2018年に完成したばかりの瓶ヶ森避難小屋。バイオトイレもある。旧瓶ヶ森ヒュッテも避難小屋として利用可

石土蔵王権現の祠がある瓶ヶ森・女山山頂。ピークそのものは愛媛県側にある

瓶ヶ森のもうひとつのピーク・男山山頂にも祠が立っている

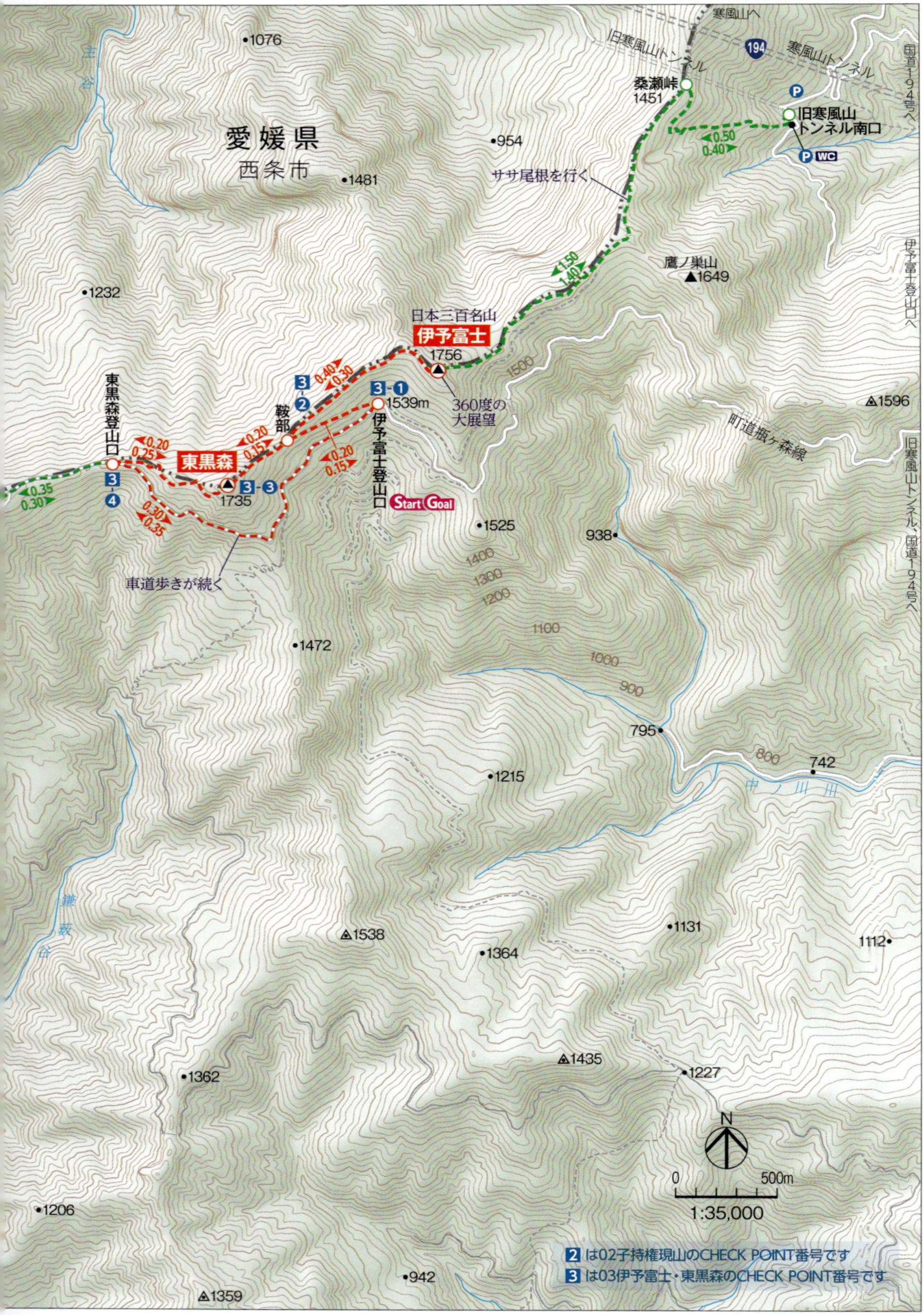

寒風山へ
旧寒風山トンネル
194
寒風山トンネル
国道194号へ
桑瀬峠
1451
旧寒風山トンネル南口
0.50
0.40
P
WC
•1076
愛媛県
西条市
•954
•1481
ササ尾根を行く
1.50
1.40
鷹ノ巣山
▲1649
伊予富士登山口へ
•1232
日本三百名山
伊予富士
1756
1500
360度の大展望
△1596
町道瓶ヶ森線
旧寒風山トンネル、国道194号へ
3-2
0.40
0.30
3-1
1539m
伊予富士登山口
鞍部
0.20
0.15
東黒森登山口
0.20
0.25
東黒森
1735
3-3
3-4
0.35
0.30
0.30
0.35
0.20
0.15
Start Goal
•1525
938•
1400
1300
1200
1100
1000
900
車道歩きが続く
•1472
795•
800
742
中ノ川
•1215
△1538
•1364
•1131
1112•
△1435
•1227
•1362
N
0
500m
1:35,000
•1206
•942
△1359
2 は02子持権現山のCHECK POINT番号です
3 は03伊予富士・東黒森のCHECK POINT番号です

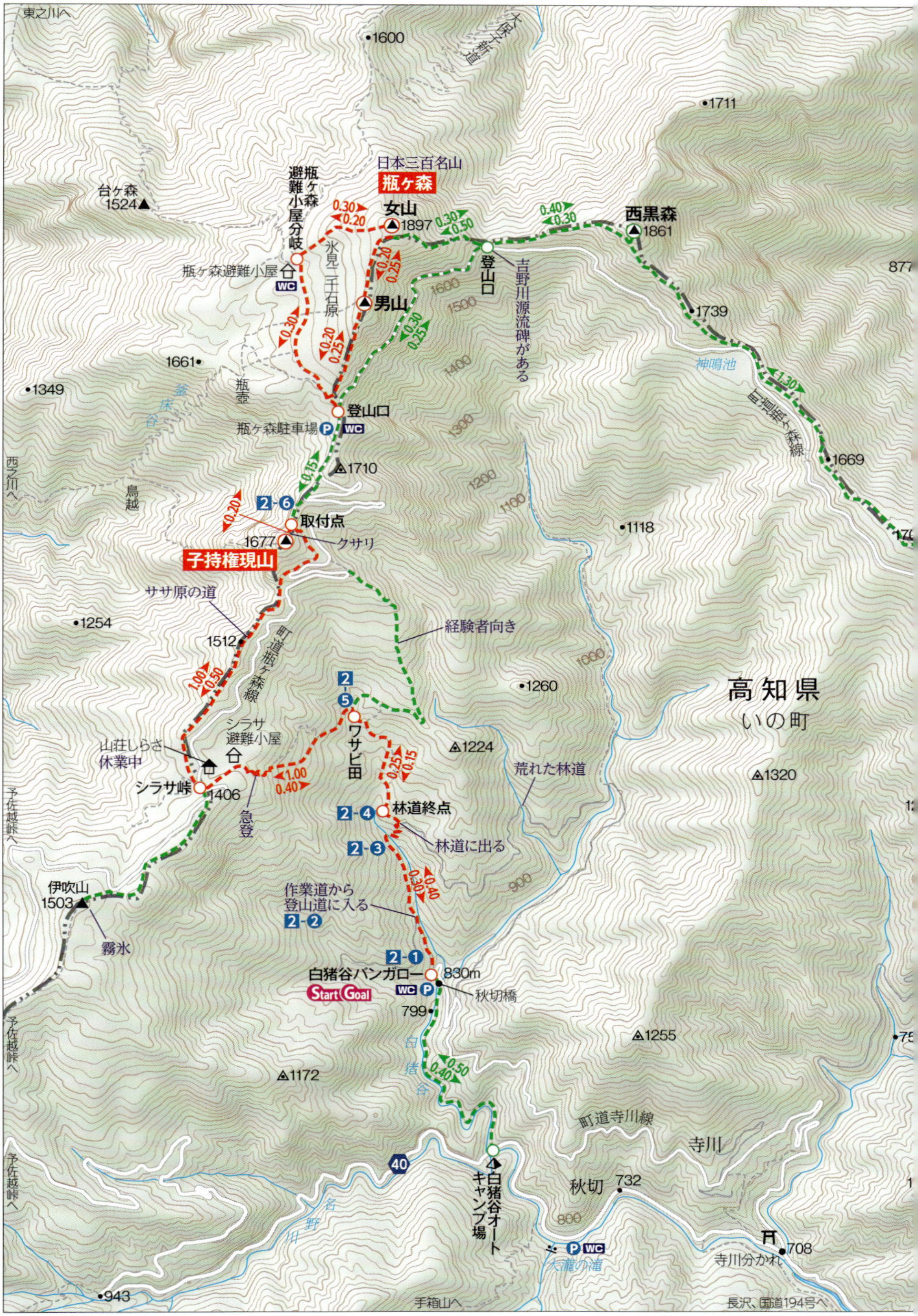
日本三百名山
瓶ヶ森
女山
1897
男山
西黒森
1861
登山口
吉野川源流碑がある
瓶ヶ森避難小屋分岐
瓶ヶ森避難小屋
氷見二千石原
台ヶ森
1524
1600
1711
1739
神鳴池
町道瓶ヶ森線
1669
1661
1349
瓶壺
登山口
瓶ヶ森駐車場
1710
鳥越
取付点
1677
クサリ
子持権現山
ササ原の道
1254
1512
町道瓶ヶ森線
経験者向き
1118
1260
高知県
いの町
シラサ避難小屋
山荘しらさ
休業中
シラサ峠
1406
急登
ワサビ田
1224
荒れた林道
1320
林道終点
林道に出る
伊吹山
1503
霧氷
作業道から登山道に入る
白猪谷バンガロー
830m
Start
Goal
秋切橋
799
1255
1172
白猪谷
町道寺川線
寺川
40
白猪谷オートキャンプ場
秋切
732
大瀧の滝
寺川分かれ
708
943
名野川
手箱山へ
長沢、国道194号へ
東之川へ
西之川へ
予佐越峠へ
大森林道
鉢

02

子持権現山

吉野川源流域をたどり修験の岩峰へ

こもちごんげんやま
1677m

日帰り

歩行時間＝6時間
歩行距離＝9・1㎞

技術度 ★★☆☆☆
体力度 ★★☆☆☆

コース定数	＝24
標高差	＝847m
累積標高差	↗ 945m ↘ 945m

↑山頂付近のアケボノツツジ。見ごろは4～5月にかけて

←山頂直下に懸けられているクサリ

高知・愛媛県境稜線、瓶ヶ森《かめがもり》と伊吹山《いぶきやま》間の特異な形状の岩峰が、子持権現山である。山名の由来は「その形が子供を背負っているようにみえるところから命名された」（角川日本地名大辞典）とされているが、あまりそのようには見えない。山頂を回りこんだ岩の下には蔵王権現《ざおうごんげん》が祀られている。

この山はかつての修験の山であり、その主たるコースは、愛媛県側の西斜面、鳥越《とりごえ》からの「ホンガケ」とよばれる連続したクサリ場だった。高知県側から子持権現山に登るにはホンガケを通過しなくてもよいが、それでも岩峰の北面に懸かる高度のあるクサリ場をクリアしなければならない。

いの町道瓶ヶ森線からであれば指呼の間に山頂はあるが、ここで

■鉄道・バス
登山に適した公共交通機関はない。

■マイカー
高知市からいの町を経由し、国道194号を西条市方面へ。いの町本川の長沢で信号を左折して県道40号（石鎚公園線）に入り、長沢ダム湖沿いの道を行く。寺川分かれより右に町道寺川線へ入り、寺川の集落をすぎて下ると白猪谷バンガローに着く。高知市から約2時間。

■登山適期
春から秋まで楽しめる。ヒカゲツツジやアケボノツツジ、シャクナゲは4～5月、伊吹山の霧氷の頃も美しい。

■アドバイス
▽北面の瓶ヶ森駐車場方面から行くと、40分ほどで山頂に立てる。ヘアピンカーブの標識から下る。
▽県道40号（石鎚公園線）沿いの白猪谷オートキャンプ場から、白猪谷遊歩道を歩いてもよい。花と緑、水と白い岩の渓谷沿いに約1・3㌔で白猪谷バンガローに着く。
▽シラサ避難小屋は2009年に改築され、通年使用可能。シラサ峠には山荘しらさ（☎088・869・2115）とキャンプ場があるが、山荘しらさは改修工事のため2020年以降まで休業。

■問合せ先
いの町本川総合支所☎088・86

北面の瓶ヶ森方面より見る子持権現山

は吉野《よしの》川源流にあたる白猪《しらい》谷からシラサ峠を経て登るルートを紹介する。

県道40号石鎚《いしづち》公園線から右に折れ寺川《てらがわ》集落へと入り、**白猪谷バンガロー**まで下って秋切橋付近に車を置く。作業道を数分登ると、シラサ峠への道標がある。

作業小屋の横から農業用モノレールをまたいで谷の右岸を行き、左岸に徒渉してからはジグザグに高度を上げ、広い林道に飛び出す。**林道を終点**までつめると、山荘しらさ方面への道標があり、再び登山道に入る。この地点まで車で入ればアプローチを1時間半ほど短縮できるが、林道の状態はかなり荒れている。

植林の中を登っていくと、やがて自然林に変わり、再び谷が近づいて**ワサビ田**に着く。徒渉してシラサ峠を目指す。広々とした原生林に入り、つづら折れの急斜面を登り

9・2111

■2万5000分ノ1地形図
筒上山・瓶ヶ森

きると、山荘しらさのある**シラサ峠**に着く。

ここからは町道瓶ヶ森線をたどってもよいが、せっかくなので県境稜線を歩きたい。ササ原の中の登山道を行くと、子持権現山がだんだん近づいてくる。岩峰の基部をトラバースして北側に回りこむ

山名表示板がある子持権現山の山頂。展望はいまひとつ

＊コース図は14・15ページを参照。

シラサ峠より山荘しらさと子持権現山

と、クサリ場への**取り付き**がある。

ここから山頂に登るためには高度差約80㍍の急傾斜のクサリ場を通らなければならない。中央部は垂直に近いようなところもあり、安易な気持ちで取り付くことは慎みたい。事故も発生している。

クサリ場を慎重に登れば**子持権現山**の山頂に着くが、展望はあまりよくない。

なお、下山もエスケープ路はなく、この高度のあるクサリ場を下るしかない。登りよりさらに危険性が増すため、不慣れなメンバーがいるようであれば、山頂アタックは不可である。

下山は往路を戻るが、町道瓶ヶ森線から子持権現山の南東尾根に入り、**ワサビ田**までダイレクトに下ることもできる。時間をかなり短縮することができるが、経験者向けである。

CHECK POINT

1 起点となる白猪谷バンガロー。トイレがある。車はこの付近に置く

2 1から作業道を進んでいくと、シラサ峠への道標がある、ここから登山道に入っていく

3 谷を右岸から左岸へ渡る。このあとはジグザグの登りとなる

4 登りはじめから40分ほどで林道終点に出る。ここまで車で入ることもできるが、林道はかなり荒れている

5 再び谷に近づき、ワサビ田で徒渉する

6 祠と賽銭箱が置かれた山頂北面直下のクサリの取り付け

雄大な展望と快適なササ原の縦走路

伊予富士《いよふじ》・東黒森《ひがしくろもり》

1756m
1735m

日帰り

歩行時間＝2時間40分
歩行距離＝5・4km

技術度
体力度

コース定数＝11

標高差＝217m

累積標高差 ↗427m ↘427m

3等三角点がある伊予富士山頂（背景は笹ヶ峰方面）

伊予富士と東黒森は、石鎚《いしづち》山系に位置する山で、高知県吾川《あがわ》郡いの町と愛媛県西条《さいじょう》市にまたがっている。「富士」と名がつくが、山容は富士山のようでもなく、独立峰でもない。しかし山頂からの展望はすばらしく、日本三百名山にも選定されている。西条市側や長《なが》沢山《さわやま》から望むと「富士」に見えるポイントがあるといわれる。

旧寒風山《かんぷうざん》トンネルの高知県側から登るのが一般的であるが、いの町道瓶ヶ森《かめがもり》線の伊予富士登山口から登ることにする。標高差も少なく、手軽に登ることができる。ただし町道瓶ヶ森線は12月から4月上旬まで閉鎖されているので、この期間は旧寒風山トンネル登山口から桑瀬《くわせ》峠経由で登ることになる。

登山道へのアクセスはマイカーのみになる。旧寒風山トンネル高知県側の駐車場前を左折して町道瓶ヶ森線（通称UFOライン）に入るが、トイレはここですませておきたい。

町道を走ること20分で**伊予富士登山口**に着く。登山口はカーブの谷の横にあり、標識もある。車は道路脇のスペースに置く。

足場が悪い谷をすぎて、ササの斜面をトラバースしながら登る。道は少し荒れ気味なので注意して歩く。登山口から20分で、東黒森から伊予富士への縦走路の**鞍部《あんぶ》**に出る。右手に伊予富士、左手には東黒森が見える。まずは伊予富士を目指す。

40分の快適な尾根歩きで、**伊予富士**山頂着。山頂はあまり広くないので混雑することもある。条件がよければ寒風

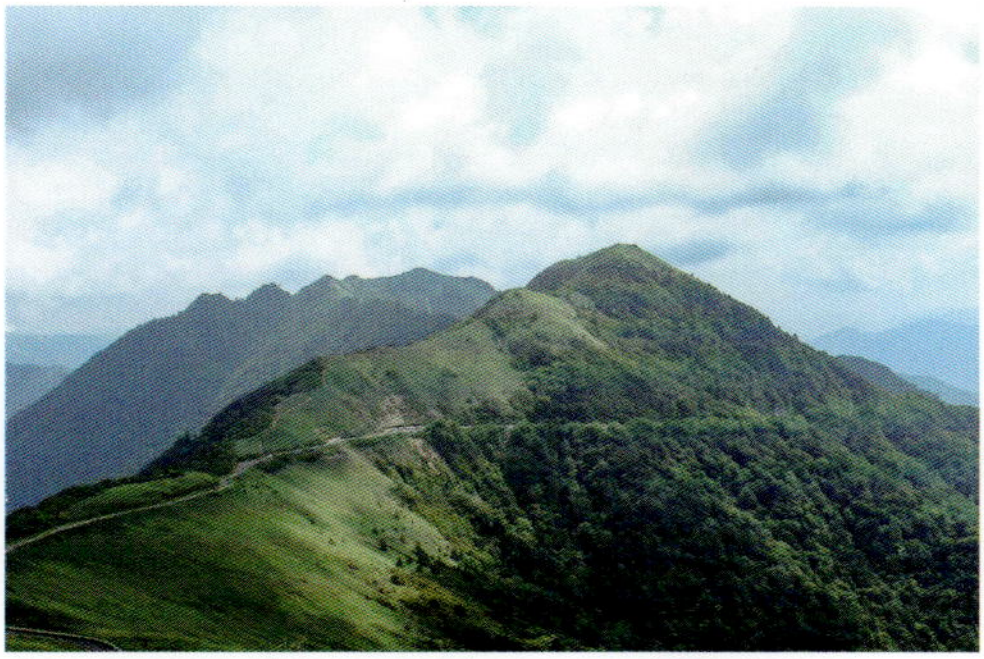

自念子ノ頭への稜線から望む伊予富士と東黒森（右）

＊コース図は14・15ページを参照。

↑伊予富士山頂から東黒森（中央）方面を望む。右奥は石鎚山

←寒風山山頂から見る伊予富士

山や笹ヶ峰《ささがみね》、冠山《かんむりやま》、石鎚山《さん》、瓶ヶ森、さらには西条の市街地、瀬《せ》戸内海《とないかい》など360度の大展望が待っている。

山頂をあとにして来た道を下る。**鞍部**から東黒森へ登り返すが、20分で**東黒森**山頂に着く。こちらも眺望がよいので、休憩に適している。

さらに縦走路を西へ下れば、ほどなく町道瓶ヶ森線（**東黒森登山口**）に出る。あとは舗装された車道を、景色を楽しみながら**伊予富**

伊予富士から東黒森の稜線に着く霧氷

■鉄道・バス

登山に適した公共交通機関はない。

■マイカー

高知市から国道194号を西条方面に向かい、寒風山トンネル手前を右へ旧道に入る（分岐に「寒風山」の標識がある）。旧トンネル入口手前を左折して、ゲートのある町道瓶ヶ森線に入る。尾根を大きく回りこみ、ゲートから20分で登山口に着く。付近の車道脇のスペースに5台ほど駐車できる。高知市から約2時間半。

■登山適期

4～11月。4月下旬にツツジ、5月中旬にシャクナゲが咲き、晩秋には稜線部で霧氷が見られる。

■アドバイス

▽登山口にトイレはなく、旧寒風山トンネル登山口前のトイレを利用する（冬期は使用不可）。

▽旧寒風山トンネル登山口から登る場合は、桑瀬峠まで50分、桑瀬峠から山頂まで尾根を歩き2時間弱。冬期は山頂直下が凍っていることが多く、ピッケルやアイゼンが必要なこともある。

▽高知市方面に帰る場合は、国道194号沿いの、道の駅木の香（☎088・869・2300）で休憩できる（温泉もある）。休日には、地元の農産物やおでんやアメゴの塩焼き等を販売する「木の香市」も出ている。

士登山口まで戻る。車道を歩きたくなければ、**東黒森**から**鞍部**を経て引き返す。余裕があれば、西側の自念子《じねんご》ノ頭《かしら》（1702ﾒｰﾄﾙ）まで行ってみるのもよい（東黒森登山口から往復1時間ほど）。

▽旧道への分岐の先の一の谷やかた（☎088・869・2666）で食事ができる。

■**問合せ先**

いの町本川総合支所☎088・869・2111

■**2万5000分ノ1地形図**

日ノ浦

CHECK POINT

1

町道瓶ヶ森線にある伊予富士登山口。すぐ横に谷がある。足場の悪いところなので気をつけたい

2

鞍部付近の縦走路からは目指す伊予富士が見える

3

東黒森山頂。伊予富士同様展望にすぐれ、さっき登った伊予富士をはじめとする山々が見渡せる

4

東黒森から20分ほど下ると東黒森登山口に出る。あとは車道（町道瓶ヶ森線）を歩いて伊予富士登山口へ

04

植生豊かないちばん人気の山

寒風山

かんぷうざん
1763m

日帰り

歩行時間＝3時間50分
歩行距離＝4・7㎞

技術度 1/5
体力度 1/5

コース定数	＝16
標高差	＝649m
累積標高差	↗757m ↘757m

↑桑瀬峠上部は西壁の絶好のビューポイント。岩をまとった武骨な印象だ

←見晴らしのよい寒風山山頂。人気の山だけに、混雑することがある

高知・愛媛県を分ける県境上、笹ヶ峰《ささがみね》から伊予《いよ》富士《ふじ》、瓶ヶ森《かめがもり》へと続く稜線に位置する寒風山は、アプローチの容易さもあって、四季を通じて多くの登山者が訪れる人気の山だ。車で国道194号を北上していると、いの町桑瀬《くわせ》の寒風山トンネル手前から、寒風山の独特な山容が車窓に迫ってくる。登山道にはところどころ岩場があるが、初心者でも楽しむことができる。

登山口となる**旧寒風山トンネル南口**は駐車場、トイレが整備されている。町道瓶ヶ森線のゲー

■鉄道・バス
登山に適した公共交通機関はない。

■マイカー
高知市から国道194号を西条方面に向かい、寒風山トンネル手前を右手の一の谷方面へ。旧道に入る（分岐に「寒風山」の標識がある）。旧道を旧寒風山トンネル入口手前まで進むと登山口がある。約30台駐車可（トイレあり）。高知市から約2時間。冬期は4輪駆動車とスタッドレスタイヤの装着が安心。

■登山適期
一年を通して可能で、多くの登山者でにぎわう。春は花、秋は紅葉、初冬は樹氷を楽しむことができる。冬期は大量積雪があることも少なくないうえ、稜線の季節風も厳しいので、冬山装備が必要。とくに登山口のすぐ上、稜線上の1620㍍付近の愛媛県側に下るハシゴ周辺は凍結してツルツルになることがあるので、要注意。

■アドバイス
▽冬期はいの町道瓶ヶ森線と旧寒風山トンネルは通行止めとなる。また、その時期は駐車場横にあるトイレは使用できない。
▽下山後の温泉は、国道194号沿いの「道の駅木の香」内の木の香温泉（☎088・869・2300）、吾北むささび温泉（☎088・867・3105）がある。

国道194号から望む寒風山。冬期は雪化粧をした姿を見せる

ト手前から登る。登りはじめは登山道が少し荒れている。

広葉樹林の中の急斜面を、つづら折りをくり返して登る。やがてトラバースになり、視界が開けてくると稜線上の**桑瀬峠**に着く。峠は広く、ひと休みしていこう。峠を左（南）にとれば、2時間ほどで伊予富士だ。桑瀬峠の名に残るように、かつてこの地は桑瀬氏が治め、土佐《とさ》と伊予《いよ》国境の要地であり番所が置かれていたという。どこか歴史を感じさせる峠である。

峠からは北へと稜線を進む。樹林とササ原、ブナ林の中を、ハシゴやロープを使いながら高度を上げていく。ルートは明瞭で迷うことはな

寒風山山頂から笹ヶ峰、ちち山を望む（右端は冠山）

▽旧道への分岐の先の一の谷やかた（☎088・869・2666）で食事ができる。

■問合せ先

いの町本川総合支所☎088・869・2111

■2万5000分ノ1地形図

日ノ浦

＊コース図は28・29ページを参照。

寒風山山頂から西条市の街並みと瀬戸内海を望む

い。**西壁**の上部をすぎるとブナ林が切れ、ササ原のトラバースになればほどなく**寒風山**の山頂に着く。

思いのほか広い山頂からは石鎚《いしづち》山系の山々が折り重なり、東に笹ヶ峰、北には西条《さいじょう》市の街並みと瀬戸内海が見える。ゆっくり休憩していこう。健脚向きにはなるが、笹ヶ峰へのピストン（片道1時間30分程度）を日程に加えて計画するのも面白い。

下山は往路を戻るが、傾斜がきつい箇所が少なくないので、慎重に下っていこう。

CHECK POINT

1

駐車場がある旧寒風山トンネル手前の登山口。右手の「寒風山」の標柱にしたがい登山道に入る

2
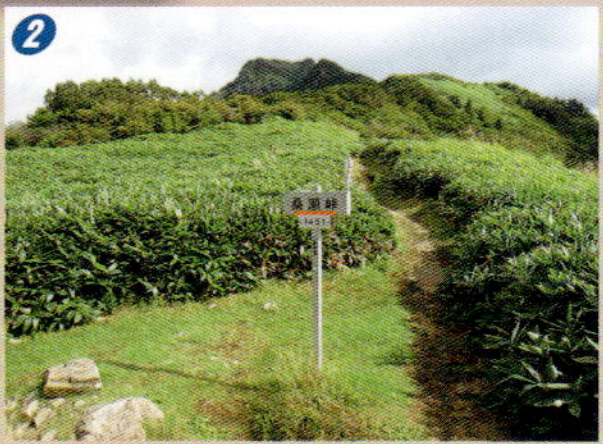

ササ原が広がる県境稜線上の桑瀬峠。広い場所なので、ひと休みするのにちょうどよい

3

西壁の周辺はステンレスのハシゴが何箇所かある。慎重に通過すること。また、混雑時は譲りあいも必要だ

4

樹林が切れると山頂はすぐそこ

05

笹ヶ峰

コメツツジが美しい、どっしり構える信仰の山

ささがみね
1860m

日帰り

歩行時間＝5時間15分
歩行距離＝9・5km

技術度 ■□□□□
体力度 ■■□□□

コース定数＝**22**

標高差＝780m

累積標高差 ↗935m ↘935m

↑南面の林道寒風大座礼西線から見る笹ヶ峰（左）とちち山。両ピーク間は40分ほどなので、できればどちらも登りたい

←古くからの信仰の山であり、笹ヶ峰の山頂には石鉄蔵王大権現と大日大聖不動明王が祀られている

笹ヶ峰は石鎚《いしづち》山系に連なり、東《ひがし》・西赤石山《にしあかいしやま》を擁する法皇《ほうおう》山脈への分岐点近くにどっしりと構えた山容が特徴である。古くから山岳信仰の山とされている。

ここでは、林道寒風《かんぷう》大《おお》座《ざ》礼《れ》西線から一《いち》ノ谷《たに》道を登り、笹ヶ峰の南《みなみ》尾根を下って林道に戻る周回コースを紹介する。

旧寒風山《ざん》トンネル南口の400メートル手前、ヘリポートが近い分岐を右折して林道寒風大座礼西線に入る。20分ほど走ると長又《ながまた》橋の先の広場に「笹ヶ峰登山口」の標識がある。ここが下山口となる。登山口はさらに15分ほど車を走らせた先の**一ノ谷橋**だが、路面がかなり荒れており、最低地上高の高い車でないと苦しい。

下流側の登山口の標識にしたがい谷に下りて橋をくぐり、砂防堰堤を越えると登山道に出る。テープを目印に谷を渡り、尾根に乗ってジグザグに登るとモミやミズナラの林となる。足もとにササが出てくると、右手に冠山が見えてくる。モミ林を抜けると稜線の**一ノ谷分岐**に登り着く。左に折れてあ

ちち山の分かれ。石鎚山系と法皇山脈の分岐点だ

＊コース図は28・29ページを参照。

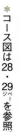

とひと息登ると、**ちち山《やま》分《わ》かれ**に着く。ここは石鎚山系と法皇山脈の稜線の分岐点で、銅山越《どうざんごえ》方面への標識がある。

　ちち山分かれから南斜面のササ原のトラバース道を、足もとに注意して歩く。ちち山の山頂をパスする場合は、そのまま**もみじ谷分岐**の鞍部《あんぶ》まで行く。ちち山山頂へ回る場合は、山頂から鞍部へ直接下ることができる。

　鞍部からシコクシラベの林の近くを通って広い斜面を登れば、ほどなく**笹ヶ峰**の山頂にいたる。ゆったりとした山頂は1等三角点があり、コメツツジが迎えてくれる。

　帰路は案内板近くから南の尾根を忠実に下る。ササの斜面をひたすら高度を下げ、ブナ林に入る。道はしだいに明瞭になり、植林を下って「笹ヶ峰登山口」の標識がある**林道**に下り立つ。

　あとは**一ノ谷橋**まで林道を45分歩く。

←南尾根の中盤からはブナ林が点在する

←ササ原が広がる南尾根を下っていく

■鉄道・バス
登山に適した公共交通機関はない。

■マイカー
高知市からいの町へ向かい、国道194号を西条市方面へ。寒風山トンネル手前を右手の一の谷方面へ。旧道に入る（分岐に「寒風山」の標識がある）。旧寒風山トンネルの手前カーブに林道寒風大座礼西線の分岐があり、右折して道なりに進むと一ノ谷橋の登山口がある（分岐からの詳細は本文を参照）。駐車場はなく、林道脇に車を置く。高知市から約2時間30分。

■登山適期
3～11月。冬期は積雪が多い。山頂周辺のツツジは5月、コメツツジの花は7月、紅葉は10月中旬。春から初夏は高山性植物も楽しめる。

■アドバイス
▽ちち山南面のトラバース道途中の分岐から尾根に上がると、20分ほどでちち山山頂に出る。笹ヶ峰の眺めがよいので、時間があれば立ち寄りたい。
▽寒風山への縦走は、片道1時間半かかる。
▽旧寒風山トンネル入口にはトイレや休憩舎があるが、冬期はトイレが閉鎖されている。
▽休憩場所には、いの町桑瀬の「道の駅木の香」、同町上八川の「道の駅633美（むささび）の里」がよい。また、道の駅木の香内には木の香温泉（☎088・869・2300）が、道の駅633美の里の下流に吾北むささび温泉（☎088・867・3105）がある。

■問合せ先
いの町本川総合支所☎088・869・2111

■2万5000分ノ1地形図
日ノ浦

一ノ谷分岐手前から笹ヶ峰、寒風山、伊予富士（右から）

CHECK POINT

1 南尾根の笹ヶ峰登山口。道が広くなっており駐車できるがトイレはない。ピストン登山の場合はここから登るとよい

2 ❶から車で15分ほど進むと一ノ谷橋登山口で、右に谷へ下りる道がある

3 歩きはじめからまもなく一ノ谷を渡る。テープが目印だ。水量が多い時は上流に架かる橋を渡る

4 登山口から1時間半強で県境稜線上の一ノ谷分岐に出る。眺めがよい場所だ

5 もみじ谷分岐をすぎると、笹ヶ峰の山頂はもうすぐ

6 1等三角点のある笹ヶ峰山頂。石鎚山系や法皇山脈を見渡す絶好の展望台

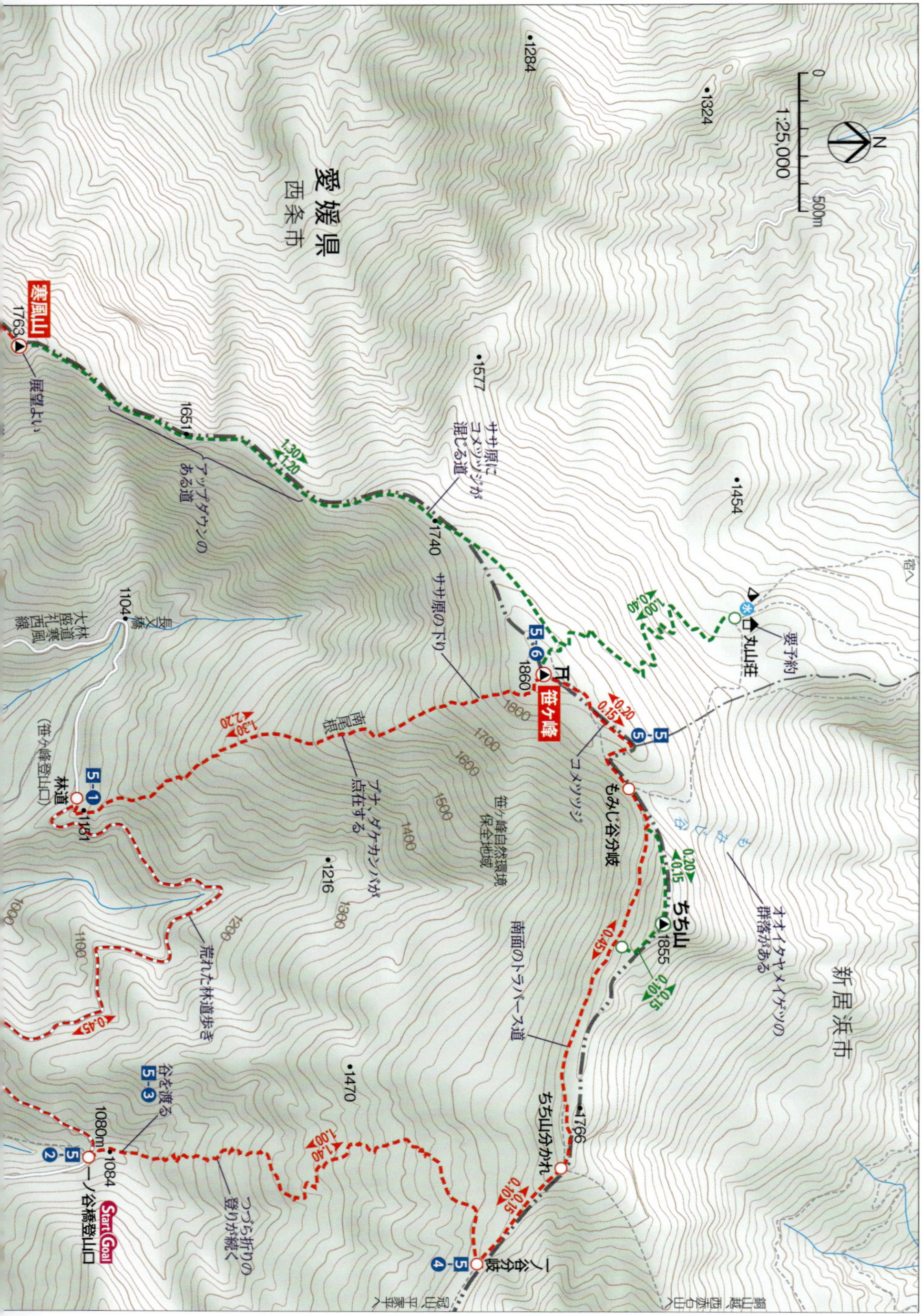
愛媛県
西条市
新居浜市
1:25,000
0
500m
N
寒風山
1763
展望よい
1651
アップダウンのある道
1577
ササ原にコメツツジが混じる道
1740
ササ原の下り
笹ヶ峰
1860
南尾根
ブナ、ダケカンバが点在する
笹ヶ峰自然環境保全地域
コメツツジ
もみじ谷分岐
ちち山
1855
丸山荘
要予約
オオイタヤメイゲツの群落がある
南面のトラバース道
ちち山分かれ
1766
一ノ谷分岐
1104
長又峠
林道
（笹ヶ峰登山口）
1181
荒れた林道歩き
谷を渡る
1080m
1084
一ノ谷橋登山口
Start Goal
つづら折りの登りが続く
1216
1470
1454
1324
1284
1:30
1:20
1:30
1:20
0:20
0:15
1:00
0:40
0:45
1:40
1:00
0:15
0:10

伊予富士
1756
瓶ヶ森へ
360度の大展望
1525
954
ササ尾根を行く
1:50
1:30
938
旧寒風山トンネル
桑瀬峠
1451
4-2
西壁
0:50
0:30
0:40
0:20
4-3 西壁の前後にはハシゴ、ロープがある
鷹ノ巣山
1649
急登のつづら折り
0:50
0:40
4-1
旧寒風山トンネル南口
1114m
Start
Goal
笹ヶ峰登山口へはここで右へ入る
町道瓶ヶ森線
1600
1500
1596
1326
1028
1400
1300
1390
寒風山トンネル
1200
800
762
旧国道194号
高知県
いの町
1100
1000
1036
一の谷
1029
900
800
一ノ谷やかた
右折して旧国道へ（「寒風山」の標識あり）
194
700
桑瀬
657
道の駅木の香 いの町本川へ
1103
4 は04寒風山のCHECK POINT番号です
5 は05笹ヶ峰のCHECK POINT番号です

06

平家平・冠山

ゆったりササ原を楽しむ山旅

へいけだいら　1693m
かんむりやま　1732m

日帰り

歩行時間＝6時間
歩行距離＝9・5㎞

技術度 ★☆☆☆☆
体力度 ★★☆☆☆

コース定数	=25
標高差	=765m
累積標高差	↗1088m ↘1088m

↑冠山直下の岩場からは、笹ヶ峰や寒風山などの大展望が広がる

←冠山山頂から西方のちち山、笹ヶ峰を望む

高知県と愛媛県の県境稜線にある平家平。山頂はミヤマクマザサに覆われ、広々とした四国山地らしい開放的な山容をなすことから、登山者の人気は高い。その名からも明らかなように、壇《だん》ノ浦《うら》の戦いに敗れた平家の落人伝説と関わりがあるといわれる。

ここでは高知県側では最もポピュラーな、小麦畝《こむぎうね》の鉄塔巡視路を使うルートを紹介する。

小麦畝登山口から高圧線の下を、杉植林の尾根にからみながら高度を上げる。展望のない、しんどい登りが続く。やがてトラバースになり、沢を横切る橋を何度も渡る。自然林が目立つようになると、稜線への急登が現れる。稜線の鉄塔を目指して一歩一歩進むが、なかなか高度が稼げない。

■鉄道・バス

公共交通機関がないので、マイカーかタクシーを使用する。

■マイカー

高知市から国道33号をいの町へ。仁淀川橋手前から同194号に入り、1時間ほど北上する。長沢をすぎ、本川トンネルを抜けたら鋭角に右折して大川村小松へと抜ける県道17号に入る。県道を10分ほど行くと現れる高薮集落への入口（30ページ下段写真）を左にとる。高度を上げ5分で平家平を記した看板のあるT字路（31ページ下段写真）に出る。右は小麦畝登山口、左は平家平のピークから南に落ちる尾根を直登する高薮登山口へいたる。ここは右にとり、小麦畝の鉄塔路を目指す。林道はやがてダートになり、約30分で小麦畝登山口（5台程度駐車可）に着く。高圧線と鉄塔が見えるので、間違うことはない。登山口まで高知市から約2時間。ダートの走行が長いので、最低地上高の低い車は厳しい。

県道17号から高薮集落への分岐

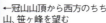

CHECK POINT

1 小麦畝登山口から鉄塔巡視路を登る

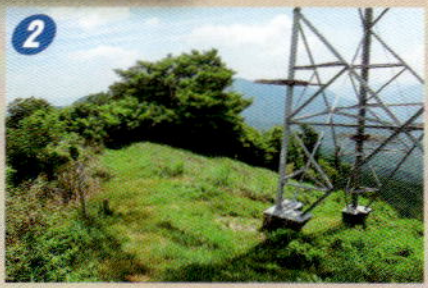
2 鉄塔の立つ稜線の休憩ポイント

3 標高1500メートルあたりから樹林が切れ山頂が見える

4 広々とした平家平山頂

5 冠山へ向かう快適な縦走路を進む

6 冠山の山頂

北東の三ツ森山から見る平家平

石鎚山系や法皇山系を望む平家平の山頂

登山口から登ること約1時間30分で、**鉄塔**の立つ稜線に出る。息を整えてから出発しよう。ここからは尾根を忠実にたどる。ほどなく右から中七番《なかしちばん》からの道が合流し、まだ展望の十分でない樹林の中、高度を徐々に上げていく。

標高1500メートルあたりから樹林が切れて視界が広がり、どっしりした平家平の山容が目に飛びこんでくる。苦しい登りの苦労が報われる瞬間だ。

鉄塔から1時間程度の尾根歩きで、ひょっこり**平家平**山頂に飛び出す。

360度の展望が広がるササ原のピークで休んだら、冠山を往復してこよう。片道1時間弱の、快適な稜線歩きだ。眺望のない**冠山**山頂から踏跡を少し下ると、大展望の広がる豪快な岩場に飛び出す。笹ケ峰《ささがみね》、ちち山《やま》、遠くは石鎚《いしづち》山《さん》が美しい。

平家平山頂から南の尾根を高薮《たかやぶ》登山口へと下るルートも面白いが、事前に車の回送が必要になる。

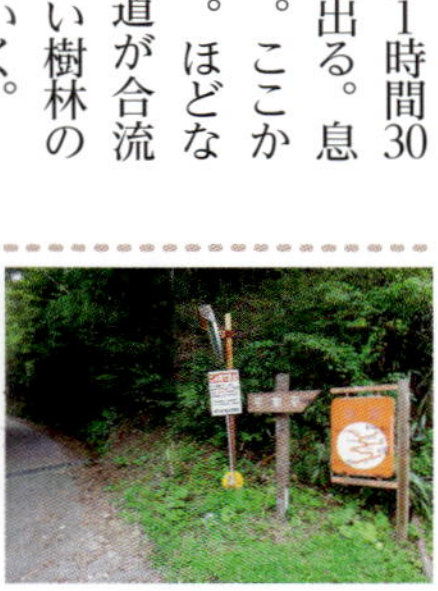
T字路。看板の表示がまぎらわしいが、小麦畝登山口へは右に進む

■登山適期

通年楽しめるが、厳冬期は積雪や凍結により、登山口へのアクセスが困難になることがある。

■アドバイス

▽平家平のようなササ原の山はニホンジカの被害が出やすいが、原稿執筆時点（2019年1月）ではシカの影響は一定認められるが、山頂・稜線のササは健全さを保っている。

▽平家平の山頂へは、「マイカー」欄左写真のT字路分岐を左に進んだ高薮登山口からの直登コースもある（山頂へ約1時間30分）。

▽帰路に木の香温泉（いの町桑瀬、☎088・869・2300）、吾北むささび温泉（いの町小川東津賀才、☎088・867・3105）で汗を流すこともできる。

■問合せ先

大川村役場☎0887・84・2211、いの町本川総合支所☎088・869・2111

■2万5000分ノ1地形図

日ノ浦

＊コース図は32ページを参照。

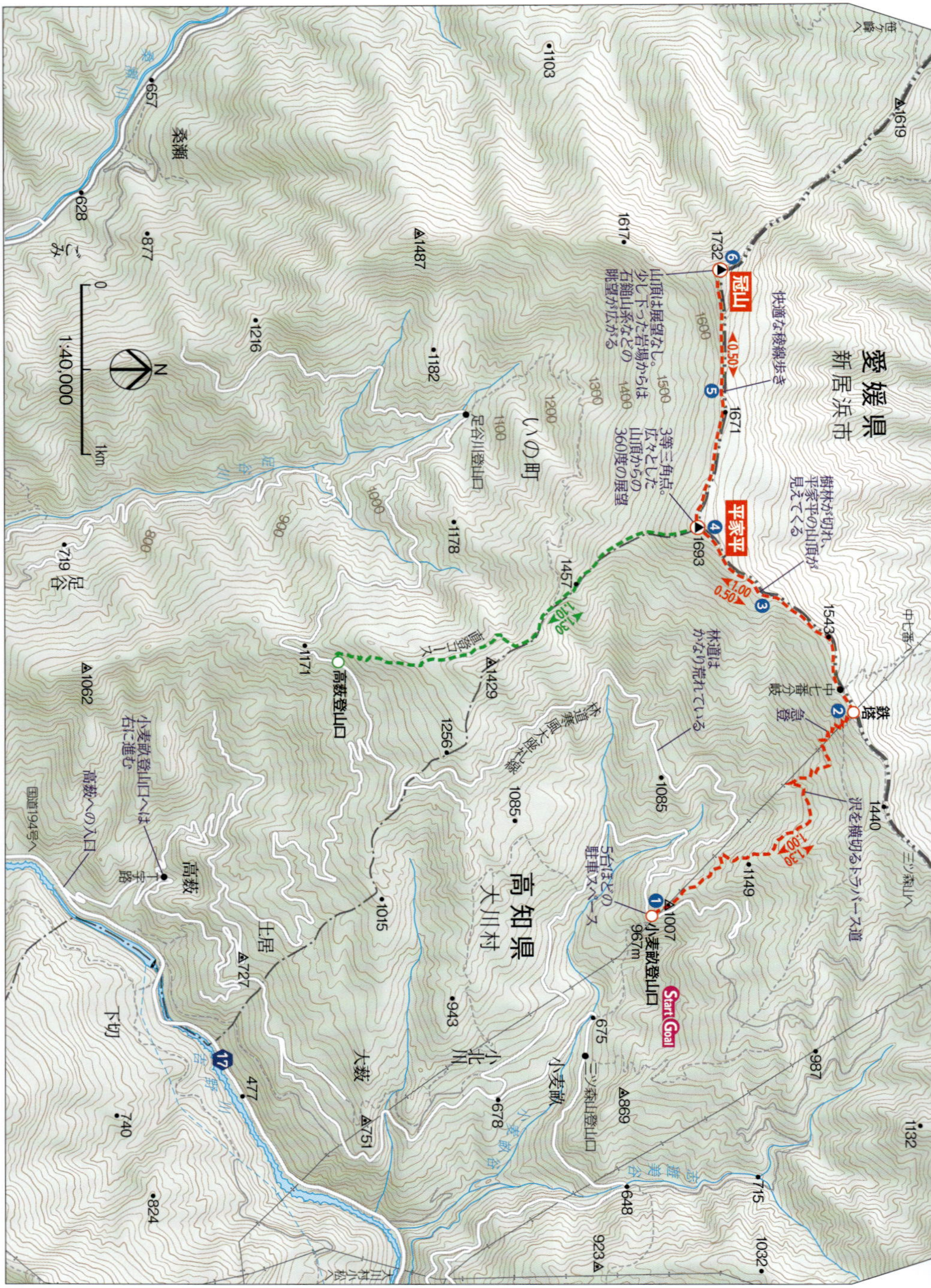

愛媛県
新居浜市
高知県
大川村
いの町
冠山
1732
平家平
1693
鉄塔
快適な稜線歩き
樹林が切れ平家平の山頂が見えてくる
山頂は展望なし。少し下った岩場からは石鎚山系などの眺望が広がる
3等三角点。広々とした山頂からの360度の展望
林道はかなり荒れている
沢を横切るトラバース道
5台ほどの駐車スペース
小麦畝登山口
967m
Start
Goal
高薮登山口
直登コース
足谷川登山口
中七番分岐
小麦畝登山口へは右に進む
高薮への入口
国道194号へ
三ツ森山登山口
1:40,000
0
1km
N

07

高知県単独の最高点と修験の山へ

手箱山・筒上山

日帰り

歩行時間＝7時間30分
歩行距離＝15・2km

てばこやま 1806m
つつじょうさん 1860m

技術度 2/5
体力度 2/5

コース定数＝**33**

標高差＝1104m

累積標高差 ↗1461m ↘1461m

手箱越手前から望む筒上山。右奥は瓶ヶ森

　手箱山は県境の山を除くと、単独での高知県の最高峰である。一方の筒上山は、台形状の大きな山体の片側がキレット状に切れ落ちた独特の景観が、遠くからでも非常に目立ちわかりやすい。

　手箱山、筒上山に登るには、愛媛県側の石鎚《いしづち》スカイライン終点の土小屋《つちごや》からピストンするのが最も一般的だが、ここでは、いの町本川《ほんがわ》の寺川《てらがわ》集落終点の大瀧《おおたび》の滝から入山し、名野川《なのかわ》登山口へと周回する健脚コースを紹介する。

　大瀧の滝を望む瀧見《たきみ》休憩所近くの**手箱山登山口**から入山する。谷まで下り、吊橋を渡る。橋の下にはエメラルドグリーンの清流が見られる。人工林の中をつづら折りに登っていくが、道は整備されている。高度が上がるにつれ、人工林から自然林に変わっていく。

峠からは人工林と自然林の混合林の尾根歩き。木々の切れ間から瓶ヶ森《かめがもり》方面が見え、シャクナゲ街道となる。登山道が二手に分かれるところは、左が手箱山、右が氷室《ひむろ》への道である（**氷室との分岐**）。道標はないが、木にテープが巻かれている。時間があれば、氷室に寄り道してみよう。ただし室の中には決して入らないように。

　自然林の中を進むと、広く平坦な場所に道標が立っている。案内板はないが、ここから名野川登山口へ下るルートがある（**名野川分岐**）。ただし、今はほとんど使われておらず荒れているため、不用意に立ち入らないこと。

　森林限界が近くなるとササ原が出現し、雄大な絶景が広がる。ササの中をつづら折りに登ると、目の前に岩の門のようなものが見える。門を抜けると、広く平らな**手箱山**の山頂までもうひと息だ。

　手箱山からは快適な稜線を西へたどり、筒上山直下の鞍部《あんぶ》にあたる手箱越《ごえ》を目指す。白い鳥居をくぐると**手箱越**。修験道場の左奥からクサリ場になる。慎重に通過し、ササ原の中を分け進みながら高度を上げる。

　鳥居をくぐると大山祇《おおやまずみ》神社の社。裏側に三角点の標石、奥には権現《ごんげん》様も祀られている。台地状地形が広がる**筒上山**山頂からは大パノラマが広がり、空に突き出る石鎚山《さん》が実によく見える。

　筒上山からの下山は北側の県境尾根を下ろう。40分ほど下った**鞍部**で土小屋からの登山道に合流するので、筒上山方面に戻るように右にとる。ほどなく**名野川に下る尾根の分岐**に着くが、分岐点はわかりにくく要注意。

　ここからは道がササで覆われておりわかりにくいが、つづら折りに下る。ササが切れると地形は明瞭な尾根になり、シャクナゲの群

＊コース図は35ページを参照。

CHECK POINT

1 瀧見休憩所から車道を100㍍進むと手箱山登山口がある

2 氷室への分岐。左が手箱山、右が氷室への道。木の赤テープが目印

3 ❷から右に数分進むと氷室がある。中には入らないこと

4 手箱越。鳥居の近くにトイレがある。この先はクサリ場が待ち受ける

5 手前にある祠から台地状の筒上山を望む（左は石鎚山）

6 名野川登山口へ下る分岐点。ササの中にうっすらと登山道が見える

7 徒渉点は橋が崩れて使えない。石を伝って左岸に渡る

8 県道40号上の名野川登山口。道路脇に数台車が停められる

気持ちのよい手箱山山頂

瀧見休憩所からの大瀧の滝（約35㍍）

生地が出てくる。

水の音が聞こえてくると、谷に行き着く。橋は崩れて使えないので石を伝いながら渡る。もう1本の橋をすぎれば、**名野川登山口**に下り立つ。車をあらかじめ配置しておけば省略できるが、舗装路を40分ほど下り大瀧の滝に戻る。

■鉄道・バス
登山口に適した公共交通機関はない。

■マイカー
高知市からいの町に向かい、国道194号を西条市方面へ。長沢の信号を左折して県道40号（石鎚公園線）に入り、大瀧の滝展望台（瀧見休憩所）へ。約5台分の駐車スペースがある。高知市から約1時間50分。3・5㌔先にある名野川登山口の道路脇にも数台駐車できるが、12月から4月上旬は白猪谷キャンプ場の先でゲートが閉まり通行不可になる。

■登山適期
春から秋にかけて可能。冬期は積雪が多く厳しい。

■アドバイス
▽手箱越のクサリ場は、結構な高度がある。初心者でも通過できないことはないが、慎重に行動したい。残置ロープは古くなっていることもあるので、十分注意すること。
▽手箱山の3等三角点は、山頂の祠の裏側にある。
▽トイレは瀧見休憩所、白猪谷キャンプ場、手箱越の鳥居の南側にある。
▽愛媛県側の土小屋から筒上山のピストンは、片道2時間30分。
▽手箱山の山腹には藩政時代の氷室が復元され、厳冬の2月につめた氷を夏に取り出してふるまう「氷室まつり」が7月に行われる。

■問合せ先
いの町本川総合支所☎088・869・2111

■2万5000分ノ1地形図
筒上山・瓶ヶ森

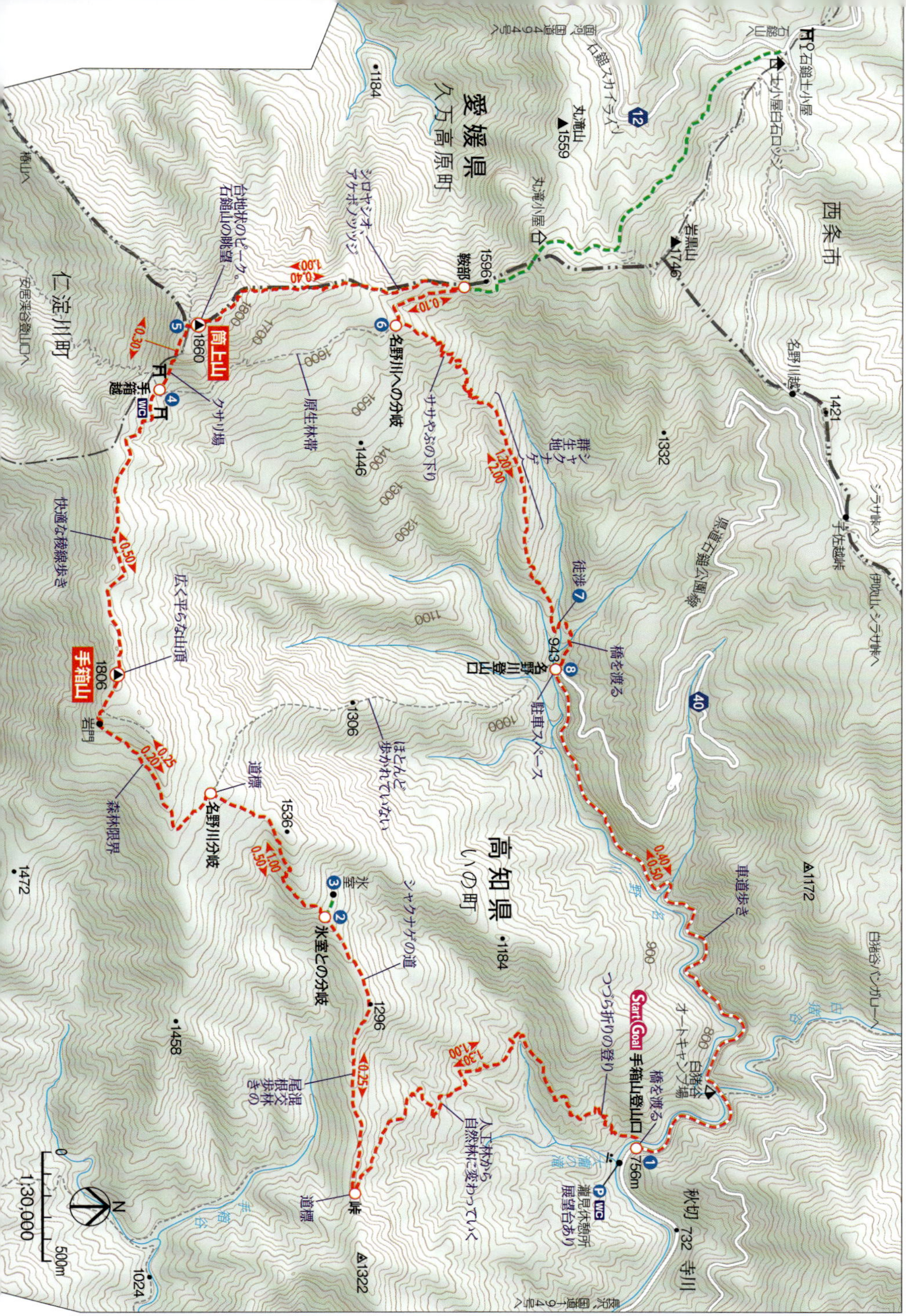
愛媛県
久万高原町
高知県
いの町
西条市
仁淀川町
筒上山
1860
台地状のピーク。石鎚山の眺望
クサリ場
手箱越
手箱山
1806
広く平らな山頂
快適な稜線歩き
岩門
森林限界
名野川分岐
道標
ほとんど歩かれていない
原生林帯
鞍部
1596
丸滝小屋
丸滝山
1559
石鎚スカイライン
石鎚土小屋
土小屋白石ロッジ
岩黒山
1746
名野川越
1421
シロヤシオ・アケボノツツジ
名野川への分岐
ササやぶの下り
シャクナゲ群生地
徒渉
943
名野川登山口
橋を渡る
駐車スペース
県道石鎚公園線
車道歩き
氷室
氷室との分岐
シャクナゲの道
1296
尾根の自然林歩き
峠
人工林から自然林に変わっていく
つづら折りの登り
Start Goal 手箱山登山口
756m
滝見休憩所 展望台あり
白猪谷オートキャンプ場
白猪谷バンガローへ
秋切
732
寺川
1:30,000
500m

08

白花アケボノツツジが楽しめる山

三ツ森山

みつもりやま
1430m

日帰り

歩行時間＝4時間5分
歩行距離＝9・5km

技術度

体力度

コース定数＝**20**	
標高差＝760m	
累積標高差	↗ 881m
	↘ 881m

林道の途中から見る三ツ森山

山頂付近にはアケボノツツジが咲く

三ツ森山は高知県大川村《おおかわ》と愛媛県との県境にある。三ツ森峠を越えて別子《べっし》にいたる道があるため藩政期には南麓の小麦畝《こむぎうね》に境目番所が置かれ、別子銅山開坑期には多くの往来があったという。現在は住友林業の林道が別子側から峠を越えて延びている。

今回は、今では消滅している、かつての小麦畝集落から登るコースを紹介するが、このエリアは林道が入りくんでおり、登山口までのアクセスがわかりづらい。最もわかりやすいのは県道17号を大川村井野川《いのかわ》から入るルートで、「銚子滝《ちょうし》、三ツ森山、平家平《へいけだいら》」と書かれた大きな看板が出ており、分岐を見落とすことはない。

小麦畝谷に架かる小麦畝橋の手前、石垣の前に**三ツ森山登山口**の標識があるので、ここから入山する。小屋横の空き地に駐車できる。

竹と植林のうっそうとした道は廃屋の側をつづら折れに通過していく。かつてのにぎわいに思いを寄せながら歩く。ショートカット道があり、東に尾根を回りこむと、作業道のような道に出る。登山口から1時間あまりで**林道寒風大座礼《かんぷうおおざれ》線**。平家平の小麦畝登山口から車でここまで入れば、歩行時間を短縮できる。

林道を横切ると三ツ森山登山口の標識があり、ここからは荒れた

■鉄道・バス
登山に適した公共交通機関はない。
■マイカー
高知市から国道33号をいの町へ。仁淀川橋手前から同194号に入り1時間ほど北上。いの町長沢をすぎて本川トンネルを抜けたら鋭角に右折。高薮で脇道には入らず、県道17号を大川村小松方面へ走る。10分ほど行くと大川村井野川地区で、頭上に「銚子滝、三ツ森山、平家平」の大きな標識があり、鋭角に折れて脇道に入って道なりに進む。志遊美橋を渡って1キロ、小麦畝橋手前の登山口に着く。高知市から約2時間。高薮から脇道に入った場合は、30ページ「平家平」の記述を参考に、小麦畝鉄塔路の登山口方面のダートの林道には入らずに小麦畝谷へ向かう。高薮か

住友林業の林道を歩く。入山した三ツ森山登山口から2時間ほどで、土佐《とさ》と伊予《いよ》の境の**三ツ森峠**に到着。かつては大勢の人々が往来した峠だが、今はひっそりとしている。いくつもの道が交錯しているが、左は平家平にいたる縦走路である。

峠から三ツ森山へは、右の送電線の鉄塔の方向に県境稜線を北上するが、まもなく胸を突くような急傾斜になる。ブナやアケボノツツジ、シャクナゲの尾根を、あえぎながら登る。このあたりには白花のアケボノツツジもある。峠から30分で、展望の利かない平凡な**三ツ森山**の山頂に飛び出す。

下山は、とくに**三ツ森峠**までの急な下りに気をつけて行動する。ピストンするのもよいが、サブコース（アドバイス欄参照）などを工夫して組み合わせることで、より充実した山行ができるだろう。

CHECK POINT

1 登山口。近くの小屋横に数台駐車可。トイレはない

2 林道寒風大座礼線の登山口。ここまで1時間ほど

3 県境稜線上の三ツ森峠。地蔵が置かれている

4 三ツ森山山頂。周囲をスズタケに囲まれ展望はない

らのほうがわかりにくい。

■登山適期

春〜秋が最適。三ツ森峠から山頂にかけて、シャクナゲ、アケボノツツジが咲く。アケボノツツジは5月上旬、紅葉は10月中旬から11月上旬。

白花のアケボノツツジも見られる

■アドバイス

▽平家平の小麦畝登山口（30ページ「平家平」参照）から入り、県境稜線の縦走路を経由してもよい。また、林道大平線から鉄塔巡視路を鉄塔広場まで登り、大座礼山との間の縦走路を使って登ることもできる。

▽大川村は人口が全国で離島などを除くと最も少ない村として知られる。例年11月3日に開かれる謝肉祭は、多くの人々でにぎわう。大川黒牛と土佐はちきん地鶏を腹一杯食べることができる（要予約）。

■問合せ先

大川村役場☎0887・84・2211、大川村ふるさとむら公社☎0887・84・2201

■2万5000分ノ1地形図

日ノ浦

09 県境にひっそりたたずむ秘境の山

椿山

つばやま　1585m

日帰り

歩行時間＝3時間40分
歩行距離＝3・3km

技術度 ■□□□□
体力度 ■□□□□

コース定数	＝15
標高差	＝647m
累積標高差	↗ 650m　↘ 650m

西側稜線からの椿山（右）。左後方は手箱山と筒上山

椿山から石鎚山

二升ヶ淵滝（椿山林道途中）

国土地理院の地形図には記載されていないが、仁淀川《によどがわ》町（旧池川《いけがわ》町）椿山という集落の名前と同じ山名をもつ、秘境の山である。椿山集落は、厳しい過疎となっている。集落の北、愛媛県との県境に位置する、椿山を源にして南に流れる大野《おおの》椿山川の深いV字谷右岸の急斜面に集落がある。集落内の家々は傾斜に沿った石段と等高線に沿った細い横道でつながっており、集落の中段には杉の大木がそびえ立ち、その下に氏仏堂が祀られている。

集落を抜けると椿山神社があり、椿山へはその先の椿山林道を上がっていく。林道は悪路だが、最低地上高の高い車であれば問題ない。椿山林道の橋を3つ渡ったあと、舗装された車道に出て最初のカーブをすぎたところが**登山口**。

登山口からいきなりの急登で、西側斜面が伐採された尾根づたいを行く。伐採地をすぎると、しば

■**鉄道・バス**
登山に適した公共交通機関はない。
■**マイカー**
仁淀川町池川地区の中心地から椿山集落へは約40分。国道494号（松山街道）を久万高原町方面へ、永代橋を渡ったつきあたりから松山街道を離れ、大野椿山川に沿って北上する。集落をすぎたあとの椿山林道の路面状態はよくない。高知市内から約2時間。登山口近くの車道脇に駐車可。
■**登山適期**
新緑の頃、または展望の利く秋。
■**アドバイス**
▽椿山から北へ県境尾根を行けば筒上山への縦走路。途中から笹倉湿原を通り、石鎚スカイラインの金山谷橋へ下山することもできる。西へ県境尾根を高台越へと縦走し、椿山神社に下山できる。どちらもササ原が気持ちよさそうに見えるが、やぶ漕ぎ覚悟で、時間に余裕をみること。
▽椿山集落の氏仏堂では、毎年6月20日（虫送り）、8月3・4・14日、9月5日に、1991（平成3）年に旧池川町の無形文化財に指定された太鼓踊りが奉納される。この日にはかつての住人が集まり、現在も「椿山太鼓踊り保存会」によって伝統行事が守られている。椿山地区は焼畑農業が長く残ったことでも知られる。

CHECK POINT

椿山林道脇にある椿山の登山口。登りはじめから急登を強いられる

▼

コースの中間点となる展望岩からは、南に雨ヶ森の三角錘が近い

▼

展望岩をすぎると、展望こそないが自然林の気分のよい尾根道となる

▼

椿山山頂から眺める石鎚山～二ノ森の稜線

▼

山頂東寄りからはササ原の県境尾根の向こうに筒上山のドームと手箱山が望める

らくは手入れのされていない杉の植林帯となる。1時間ほどで南に展望の開けた岩（**展望岩**）に出る。正面の形のいい三角形の山は雨《あめ》ヶ《が》森《もり》で、椿山集落の対岸に見える五《ご》色《しき》の滝を落とす山である。

展望岩からも急登が続くが、尾根道は自然林に変わり、新緑や紅葉の時期には目を楽しませてくれる。東には筒上山《つつじょうさん》の南尾根、西には高台越《こうだいごえ》へと続く県境尾根が見え隠れする。稜線直下100㍍《メートル》ほどは、背丈ほどのササのやぶ漕ぎとなるが、足もとはしっかりと踏まれている。

ササをつかみながらあえぎ登れば狭い**椿山**山頂。2等三角点と山頂板が立っている。木立ちが少しじゃまをするが、北には県境尾根の向こうに石鎚山《いしづちさん》、西《にし》ノ冠岳《かんむりだけ》、二《に》ノ森《もり》へと石鎚山系の山々が連なっている。山頂を少し東に行くとさらに展望が得られ、筒上山へと続く県境尾根に気持ちよさそうなササ原が広がっている。南に目をやると、中津明神山《なかつみょうじんやま》や、不入山《いらずやま》、鶴松森《かくしょうもり》の風力発電の塔、遠く土佐《とさ》湾も見える。

存分に景色を楽しんだら、下りはじめのササの斜面で足をとられないように注意しながら、往路を引き返す。

▽旧池川町中心地の仁淀川支流・土居川沿いには、茶農家の手づくりスイーツが楽しめる「池川茶園工房cafe」（☎0889・34・3100）がある。

■問合せ先
仁淀川町池川総合支所☎0889・34・2111

■2万5000分ノ1地形図
筒上山

御神木の杉の古木がある氏仏堂

アケボノツツジと大座礼山（山頂近くの稜線から）

10 明るい自然林とブナ巨木群生地を歩く

大座礼山

おおざれやま

1588m

日帰り

歩行時間＝3時間30分

歩行距離＝6・0km

技術度

体力度

コース定数	＝14
標高差	＝508m
累積標高差	↗ 549m ↘ 549m

大座礼山は高知県土佐郡大川村《おおかわ》にあるブナ林で知られる山で、愛媛県新居浜《にいはま》市との県境稜線近くに位置する。山名は、山の南側にあるザレ場に由来するともいわれている。

大田尾越《おおたおごえ》の手前から左へ林道に入った広い駐車スペースの前が**登山口**。10分歩き、小さな沢を徒渉するとつづら折れの急登が続く。丸太橋が2箇所あるので、足もとに注意して歩こう。

稜線上に広がるブナ巨木群生地

大座礼山山頂から北面の二ツ岳を望む

40分ほどで、水分補給ができる大北《おおきた》川源流に出る。この先は、ブナやミズナラ、モミなどの入り混じったトラバース気味のなだらかで明るい自然林の登山道を気持ちよく歩く。

登山口から1時間20分で三差路になっている鞍部《あんぶ》の**井野川越**《いのかわごえ》に立つ。「大座礼山まで750㍍」と書かれた案内板にしたがい右にとると、10分ほどでブナ巨木の群生地が迎えてくれる。長い風雪に耐えてきたブナたちを保護するためにテープや柵があるので、入らないようにしたい。

山頂直下の斜面を登りきると、2等三角点がある**大座礼山**の山頂に着く。山頂からは北に二《ふた》ツ岳《だけ》、

■鉄道・バス

登山に適した公共交通機関はない。

■マイカー

高知道大豊ICから国道439号を土佐町方面へ。土佐町役場近くの土居で県道17号へと右折し、上吉野川橋を渡って早明浦ダム湖左岸を大川村役場のある小松へ向かう。大川村役場をすぎ、大北川にかかる小松川橋

登りはじめから40分ほどで吉野川支流・大北川の源流帯に出る。水の補給ポイントでもある

東に野地峰《のじみね》、西には石鎚《いしづち》山系の平家平《へいけだいら》と冠山《かんむりやま》が望める。

下山は往路を戻るが、山頂から北西の尾根へ下り、県境稜線に入って大田尾越へとダイレクトに下るルートもある。

CHECK POINT

1 登山口。右手の階段道に取り付く

2 登りはじめから10分ほどで徒渉地点に出る

3 2箇所ある丸木橋。慎重に通過すること

4 大北川源流からは、なだらかな自然林の道を行く

5 井野川越。この先はみごとなブナの稜線歩き

6 大座礼山山頂

の手前を白滝への標識にしたがい県道6号へ右折。大北川沿いに走り大田尾越の手前の林道を左に３００《メートル》入ったところが登山口。広い駐車スペースがある。大豊ICから約１時間30分。高知市～国道33号～いの町中心部～国道１９４号～いの町本川～県道17号で小松まで入るルートもある。高知市から大田尾越まで約２時間15分。

■登山適期

四季を通じて登れるが、春の新緑やアケボノツツジ、秋の紅葉の頃がおすすめ。冬期は積雪に注意。

■アドバイス

▽山頂までの距離が記された案内板があり、登る際の目安になる。

▽山頂から県境稜線を大田尾越へ下るルートは１時間30分。県境稜線の分岐を三ツ森山方面に向かわず、右にとること。

▽登山口に駐車場はあるがトイレはないので、大川村役場前の公衆トイレ、むらの駅、道の駅土佐さめうら等を利用する。

■問合せ先

大川村役場☎０８８７・84・２２１１、大川村ふるさとむら公社☎０８８７・84・２２０１、道の駅土佐さめうら☎０８８７・82・１６８０

■２万５０００分ノ１地形図

土佐小松

三嶺山頂直下は苦しい急登が続く

11 高知県民に最も愛された手負いの名山

三嶺・天狗塚

さんれい 1894m
てんぐづか 1812m

日帰り
一泊二日

コース① 歩行時間＝7時間40分 歩行距離＝12.5km 技術度 体力度
コース② 歩行時間＝10時間35分 歩行距離＝17.0km 技術度 体力度

コース定数＝① 41 ② 43

標高差＝①② 990m

累積標高差 ① 上り 1296m 下り 1296m ② 上り 1682m 下り 1682m

高知県香美《かみ》市と徳島県三好《みよし》市の県境上にある三嶺は、稜線部のササ原とコメツツジに象徴される四国の山を代表する特徴的な景観をもつ。高知県側の山腹には大量の原生林が残り、高知県民に最も愛されてきた山だ。標高も県内の山では最も高い。景観・人気・標高ともに高知県随一の山であることに異を唱える者は高知にはいないだろう。それが三嶺である。

山名については高知県では「さんれい」、徳島県では「みうね」とよばれるが、語源は「みむね」である。旧物部《ものべ》村久保《くぼ》地区の古老も「みむね、みうね」といっていたという（『高知県百科事典』高知新聞社）。登山者が増えるにしたがい、高知県側では音読みした「さんれい」が定着したようだ。

三嶺一帯の山域はニホンジカによる食害が四国で最も激しいエリアのひとつで、この10数年間で環境が激変した。稜線部のササの衰退と裸地化、シカの食害に耐性がある植生への入れ替わり、樹木の枯死、林内の下草消失により表土が流出し、崩壊が止まらない状況がある。谷はいたるところで土砂で埋まり、谷沿いの登山道は寸断。深山幽谷の独特の雰囲気はかなり失われてしまった。

シカの食害から三嶺を守るために、四国森林管理局、高知県、香美市、猟友会、県勤労者山岳連盟をはじめとする山岳団体等が協力

■鉄道・バス
登山に適した公共交通機関はない。

■マイカー
高知市方面から国道195号を東進し、1時間ほどで香美市物部町大栃。JRバス大栃駅前を永瀬ダム湖方向に左折してからは、県道49・217号を道なりに表示にしたがって、ひたすら進む。久保影集落をすぎると人家はなくなり、やがて光石登山口に着く（大栃から1時間ほど）。10台ほど駐車でき、トイレもある。人気の高い山なのでハイシーズンには駐車できないことも多いが、その際は林道を300㍍ほど奥に進むと30台ほど停められる広い駐車場が左側にあるので、そちらを利用するとよい。

■登山適期
四季を通して登られているが、とくに4～11月頃がよい。冬期は大量降雪がある時もあり、登山口にいたる車道は久保影から奥は除雪されないので、アプローチが厳しい場合がある。冬期は4輪駆動車が無難で、チェーンは必携である。

■アドバイス
▽この山域は無人小屋が充実しており、三嶺ヒュッテ、おかめ岩避難小屋、白髪避難小屋、八丁小屋を積極に活用して計画を立てると変化がつけられる。ただし、ゴールデンウィークや紅葉の時期は、三嶺ヒュッテ

三嶺山頂から東面の三嶺ヒュッテを望む。背後には塔丸や丸笹山、剣山などが連なる

し、この山域におけるシカの駆除が取り組まれてきた。週末には銃を使った駆除作業が頻繁に行われ、登山者の立ち入りを禁止していることもあるので、登山の際には確認したい。

いくら三嶺からかつての景観が失われたとしても、やはりこの山を愛する高知県民は多い。

高知県側からのルートは光石《ひかりいし》か白髪山《しらがやま》から入るが、いずれもとりたてて危険箇所はないものの、山深く健脚向きのコースになる。

コース①光石からさおりが原、カヤハゲ、三嶺

まずは、比較的状態が安定している光石から入山し、さおりが原《はら》、カヤハゲを経由して三嶺をピストンするルートを紹介する。

林道のヘアピンに車を置き、トイレ横の**光石登山口**から下り気味に入山する。10分ほど下ると木戸《きど》の河原《かわら》で、幕営によい場所だ。長《なが》笹《ささ》谷にかかる立派な橋を渡り、あずまやをすぎると、すぐに右手に急登の**分岐**が出てくる。八丁《はっちょう》小屋方面には向かわず、右手に入る。

尾根をグイグイ登っていくと傾斜が落ち、トラバースとなる。やがてだだっ広い**さおりが原**に出る。シカに食われてスズタケが消滅し、往時とは景観がまったく変わって

やおかめ小屋は満員になることもある。これらの無人小屋は、冬期は貴重な前進基地となる。

▽サブコースとして、次の2コースがある。

①光石から八丁小屋を経てフスベヨリ谷経由で三嶺へ（山頂まで4時間）。かつてのクラシックルートであるが、美しい谷が土石流で埋まり、ルートが判然としない箇所が多いのでおすすめできない。非常に荒れている。

②さおりが原までの入山を、光石登山口からではなく、西熊林道（白髪山西面の林道。入口はゲートが閉まっている）を使う。ゲート前からさおりが原まで1時間。林道の終点に露掘のトンネルがあり、「通行禁止」とされている。山側に巻道がつけられている。

■問合せ先

香美市役所☎0887・53・3111

■2万5000分ノ1地形図

久保沼井・京上

＊コース図は46・47ジを参照。

しまい方向がわかりづらいが、奥にあずまやとトイレがある。

休んだら、カヤハゲから西に落ちる長い尾根に取り付く。「森の巨人たち百選」に選ばれた、みごとなイヌザクラやトチノキが心を和ませてくれる。

ここでもスズタケの消滅、倒木の多さでルートが判然としないところがあり、慎重にルートを読んでいく。つづら折れに高度を上げていき、右に韮生越《にろうごえ》、左にカヤハゲ経由三嶺との表示がある分岐は左へトラバース。さらにすぐにフスベヨリ谷とカヤハゲへの分岐に出るので、表示にしたがってカヤハゲ方面へ高度を上げていく。

尾根南面のトラバースから、道はやがて尾根の真上に乗り、さらには北面のトラバースに変わっていく。左手にどっしりした三嶺が見えはじめ、庭園のような尾根上にルートが戻ればカヤハゲは近い。

衰退したササやスズタケと入れ替わりに繁殖したススキの斜面を見て、縦走路上の**カヤハゲ**に飛び出す。眼前には三嶺の威容が迫る。

休憩したあとは、正面の三嶺に向けて尾根を北進する。カヤハゲをいっきに下り、アップダウンをくり返して高度を上げていくと、山頂直下の急斜面となり、岩場が見えてくる。ここはクサリがあるが、右手からパスできる。

苦しい急登を懸命に踏ん張ると、ぽっかり**三嶺**の山頂に飛び出す。東の徳島県側の眼下に広がる盆地状のササ原と池、三嶺ヒュッテの景観はすばらしく、三嶺最大の魅力といってよい。

帰りは往路を戻るが、3時間半はかかるので、日の短い季節には日没にかからないよう、時間配分を心がけてほしい。なお、ルート上に水場はない。

また、随所でシカの食害によるスズタケの消滅により、踏跡がわからなくなっている箇所が多くある。とくに下山時の**さおりが原**から下部はルートを外す可能性があるので、しっかりした地形確認と読図、GPSを活用してほしい。


コース②おかめ岩避難小屋に泊まり天狗塚へ

三嶺から西方の西熊山《にしくまやま》へと縦走し、おかめ岩《いわ》避難小屋泊。翌日は天狗塚へと足を延ばし、カンカケ谷へと下るルートも紹介する。

1日目　**三嶺**山頂まではコース①と同じ。山頂から西へ延びるササとコメツツジの稜線をたどり、西熊山を目指す。四国山地屈指の美しい稜線の大縦走であるが、ここもシカの食害の影響と土砂流出で崩壊箇所が広がり痛々しい。

1時間足らずで到着する最低鞍《あん》部《ぶ》が「大《おお》たお」。ここからは、西熊山への登り返しとなる。細長い西熊山の山頂を通過し、**おかめ岩避難小屋**まで三嶺山頂から2時間ほど。今晩はこの小屋で泊まる。

高知県が建設したおかめ岩避難小屋は、「三嶺を守る会」等のボランティアにより清潔に保たれた快適な小屋だ。水場はカンカケ谷方面へ50㍍ほど下ったところにある。

2日目　朝一番で天狗塚に向かう。シュラフなどは小屋にデポして身軽に登るのがよいだろう。

小屋を出て裏手の急斜面を登り、オカメ岩から天狗峠を目指す。40分で**天狗峠**。ここからの三嶺方

三嶺山頂から西熊山へと延びる稜線

スズタケが消えたさおりが原

冬の天狗塚。登山の際は本格的な装備が必要だ

さおりが原近くのみごとな巨木

面の展望はすばらしいだけに、休憩を入れたい。

峠からは樹林のまったくない、ササとコメツツジのすばらしい稜線歩き。何度かアップダウンして見えてくる眼前の円錐《えんすい》状の小さい山頂が**天狗塚**だ。天狗峠から30分ほどである。北西には雄大な笹尾根の牛《うし》ノ背《せ》が横たわっている。

帰りは往路をたどって**おかめ岩避難小屋**に戻り、カンカケ谷を下る。急斜面や徒渉が何度も出てくるので、慎重に下りたい。

避難小屋の**八丁小屋**を経て、**光石登山口**にいたる。

CHECK POINT

コース①

1 光石登山口。登山道の入口はトイレの横から下る

2 さおりが原への分岐。ここで右手の急な道に入っていく

3 縦走路上のカヤハゲは剣山や次郎笈、三嶺を望む休憩適地

4 カヤハゲ～三嶺間の大岩。右側を巻いて通過する

コース②

5 登山者が集う三嶺の山頂。360度の大展望が楽しめる

6 広々とした三嶺～西熊山間の稜線を行く

7 おかめ岩避難小屋。広い小屋で、30人以上収容できる

8 カンカケ谷を下った八丁小屋。水場が使えないことが多い

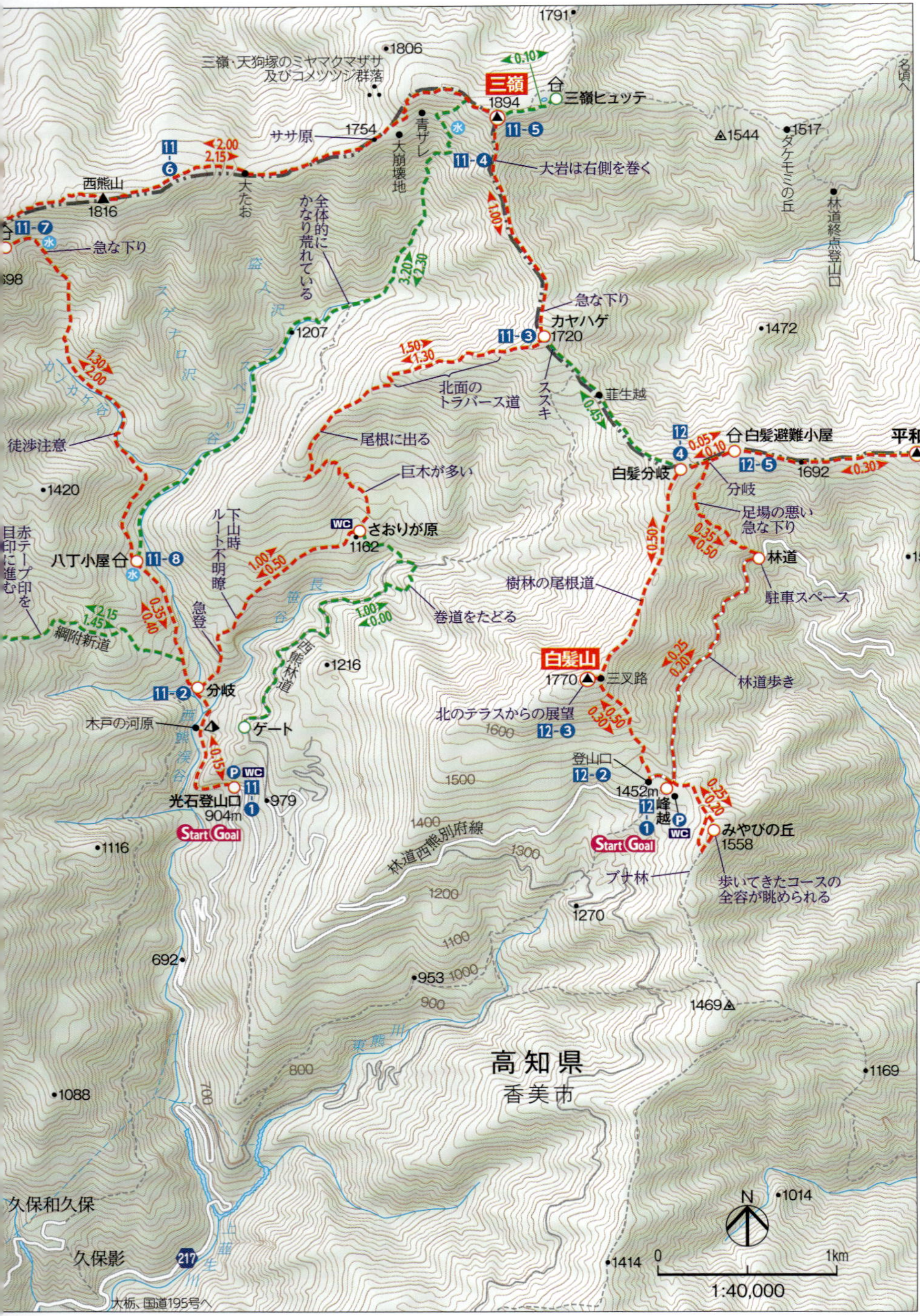

三嶺
1894
三嶺ヒュッテ
三嶺・天狗塚のミヤマクマザサ及びコメツツジ群落
1806
1791
ササ原
1754
青ザレ
大崩壊地
大岩は右側を巻く
西熊山
1816
大たお
急な下り
全体的にかなり荒れている
1544
1517
ダケモミの丘
林道終点登山口
名頃へ
急な下り
カヤハゲ
1720
1207
1472
北面のトラバース道
ススキ
韮生越
尾根に出る
巨木が多い
白髪避難小屋
平和丸
1701
1692
白髪分岐
分岐
石立山へ
モミ林
徒渉注意
1420
さおりが原
1162
下山時ルート不明瞭
足場の悪い急な下り
林道
駐車スペース
1522
赤テープ印を目印に進む
八丁小屋
急登
綱附新道
巻道をたどる
樹林の尾根道
白髪山
1770
三叉路
林道歩き
1216
分岐
西熊林道
木戸の河原
ゲート
北のテラスからの展望
光石登山口
904m
979
登山口
1452m
峰越
みやびの丘
1558
Start Goal
1116
林道西熊別府線
ブナ林
歩いてきたコースの全容が眺められる
911
別府峡へ
1270
692
953
1469
高知県
香美市
1169
1088
久保和久保
久保影
1014
1414
大栃、国道195号へ
0
1km
1:40,000

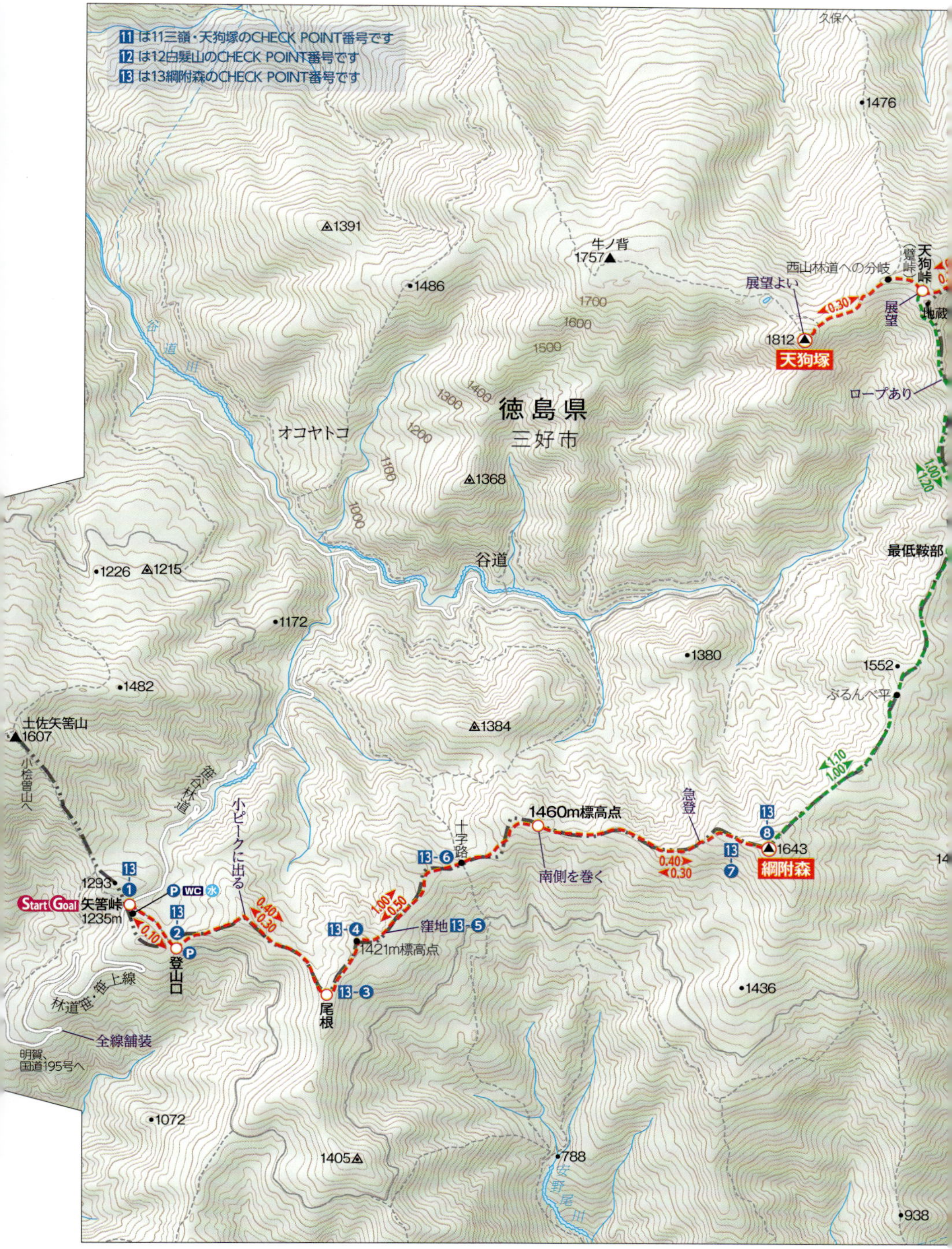
11 は11三嶺・天狗塚のCHECK POINT番号です
12 は12白髪山のCHECK POINT番号です
13 は13綱附森のCHECK POINT番号です
久保へ
•1476
1391
•1486
牛ノ背
1757
西山林道への分岐
天狗峠
鞋峠
展望よい
0.30
展望
地蔵
1812
天狗塚
ロープあり
1700
1600
1500
1400
1300
1200
1100
1000
徳島県
三好市
オコヤトコ
谷道川
1368
1:00
1:20
谷道
最低鞍部
•1226
1215
•1172
•1380
•1552
ふるんべ平
•1482
1384
土佐矢筈山
1607
小桧曽山へ
1:10
1:00
笹谷林道
小ピークに出る
十字路
1460m標高点
急登
13-8
1643
綱附森
13-7
0.40
0.30
南側を巻く
13-6
1293
13-1
Start Goal 矢筈峠
1235m
P WC 水
13-2
0.10
登山口
P
0.40
0.30
1:00
0:50
13-4
1421m標高点
窪地 13-5
13-3
尾根
•1436
林道笹・笹上線
全線舗装
明賀、
国道195号へ
•1072
1405
•788
安野尾川
•938

緑のササ原が美しい白髪山

12 白髪山（物部）

美しいササ原と抜群の展望を楽しむ

日帰り

しらがやま（ものべ）　1770m

歩行時間＝4時間30分
歩行距離＝8・1km

技術度 1/5
体力度 1/5

コース定数＝18

標高差＝391m

累積標高差 ↗734m ↘734m

香美《かみ》市物部《ものべ》に位置する白髪山は、天候次第で香長《かちょう》平野や高知市からも望むことができる。剣山《つるぎさん》国定公園に属し四国百名山に数えられるこの山は、香長平野を南北に貫く物部川の支流・上韮生《かみにろう》川の源頭となる山でもある。

白髪山とカヤハゲ、平和丸《へいわまる》は、三嶺周辺の山域でもっともニホンジカの食害の被害で大きなダメージを受け、山が相当荒れている。銃を使った駆除が頻繁に実施されている山域でもあり、登山を計画する際には要注意である。一時は白髪山山頂付近のササ原もシカの食圧で壊滅的ダメージを受けることが懸念されていたが、香美市の懸命な駆除の効果により、ササの勢いは盛り返しつつある。

今回は林道西熊別府《にしくまべふ》線の峰越《みねごえ》から白髪山に登り、白髪避難小屋を経て通称「平和丸」で折り返し、白髪避難小屋の南から峰越へ下るルートを紹介する。

峰越の登山口からモミやブナの樹林を30分ほど登るといっきに視界が開け、ササ原に出る。ササ原の中のつづら折りを20分ほど登り、山頂近くの三叉路を左にとればすぐに**白髪山**の山頂へ到着する。山頂北側にある岩のテラスに出ると剣山から三嶺《さんれい》を経て西熊《にしくま》山《やま》、天狗塚《てんぐづか》が一望でき、西方には石鎚山《いしづちさん》も遠望できる。とりわけ三嶺は眼前にその秀峰の姿を見せてくれる。また、足もとには西熊渓谷の長笹《ながささ》谷が開け、紅葉の時期はすばらしい。

山頂で一服したら三叉路まで引き返し、北東へ延びる樹林の稜線

■鉄道・バス
登山に適した公共交通機関はない。

■マイカー
香美市物部町大栃から県道49・217号経由で三嶺登山口の光石を目指す（42ページ「三嶺」の項参照）。光石からさらに林道を20分ほど進むと峰越登山口近くに20台分の駐車スペースがあり、トイレと休憩小屋がある。

■登山時期
4月から11月が適期。ツツジ類は4月下旬から6月上旬、コメツツジは6月下旬、紅葉は10月下旬から。冬期は積雪が多く、登山口まで車で上がれないこともある。

■アドバイス
▽最寄りの温泉は別府峡温泉となるが、2019年1月現在、林道西熊別府線は通行止めになっており（大栃方面から峰越までは通行可）、復旧の目途が立っていない。一度大栃まで下り、国道195号経由で行くことになる。
▽周辺の山では近年のシカ被害の拡大を防止する目的で、猟銃を使用した駆除を行っており、入山規制が頻繁にある。香美市役所への問合せや、四国森林管理局ホームページからキーワード「シカ捕獲」で作業日程を確認することをおすすめする。

■問合せ先
香美市物部支所☎0887・58・3111、別府峡温泉☎0887・58・

白髪分岐から白髪小屋へ下ると剣山への縦走路が続く

へ。50分ほどの稜線歩きで**白髪分岐**の小ピークに着く。北へ下ると三嶺への縦走路に入るが、今回は東の尾根へと進む。

　分岐から下ると、すぐに**白髪避難小屋**が見える。この小屋は剣山～三嶺への縦走路上にある無人小屋で利用者も多い。さらに東へ30分ほど進むと、なだらかなササ原に**平和丸**（1700・8㍍三角点）の標識が見えてくる。

　帰りは**白髪避難小屋**まで戻り、小屋をすぎたら、林道への分岐を南側へ下る。下りは急峻で足場の悪い箇所もあるので、十分注意してゆっくり下っていこう。

　40分弱で**林道**に出る。ここを登山口として利用することもできるが、駐車スペースは2台分ほどしかない。アスファルトの林道を30分弱歩くと、**峰越**の駐車場に戻ってくる。

　せっかくなので、南側の「みやびの丘《おか》」へ登ることをおすすめしたい。登山道は途中で二手に分かれるが、どちらも**みやびの丘**の頂へと続く。林道からゆっくり歩いても30分の頂からは、今日歩いてきた山並みを一望することができ、頑張って歩いた自分へのご褒美となる。

・4181
■2万5000分ノ1地形図
久保沼井・北川

平和丸の山頂から望む三嶺

CHECK POINT

1 峰越の駐車場にあるトイレと休憩小屋。林道より一段低いところにある

2 林道横にある白髪山登山口。案内板などが立っている

3 白髪山山頂の北の岩場からは剣山や三嶺が一望できる

4 たくさんの道標が立つ白髪分岐。三嶺と平和丸、石立山への縦走路の分岐点だ

5 天候急変時などに心強い白髪避難小屋。大切に利用しよう。

＊コース図は46・47ジーを参照。

13

三嶺山系のはずれにどっしり横たわる山

綱附森

つなつけもり 1643m

日帰り

歩行時間＝4時間30分
歩行距離＝9.6km

技術度
体力度

コース定数＝19		
標高差＝408m		
累積標高差	登り	766m
	下り	766m

高知県と徳島県の県境上にどっしりとした姿で横たわっている好展望の山である。それだけに、季節を変えて、何度でも訪れたい山だ。

1460メートル標高点まで来ると綱附森がぐっと近づいてくる

登山口へは香美《かみ》市物部《ものべ》町大栃《おおどち》から三嶺《さんれい》方面へ向かう県道49号を進み、五王堂《ごおうどう》地区から「笹《ささ》」への看板にしたがい左に入り、笹渓谷に沿って走る。最奥の集落である明《みょう》賀《が》からさらにくねくねと林道を上がると、起点となる県境の**矢筈《やはず》峠**で、駐車場やトイレがある。

西へ行けば土佐《とさ》矢筈山《やま》で、目指す綱附森の**登山口**は作業林道を500メートルほど東へ行ったところにある。登山口の南にも広場があり、ここにも車を置くことができる。

登山口からはいきなり急登の尾根道を、小ピークへと向かう。最初の小ピークに上がってしまえば、あとは綱附森までゆったりとしたアップダウンのくり返しとなる。

登山口から1時間弱で、1421メートル標高点の南に延びる**尾根**に乗る。ここで登山道はV字に曲がるので、現在地の確認にも好都合だ。

モミやミズナラの点在する樹林帯の尾根を1421メートル標高点までたどると、どっしりとした綱附森がよく見える。

ここからササの斜面を東へ降りる。ササが密集してきており足もとが見えにくいが、ルートがわからないほどではない。次の登りにかかる右手には小さな窪地があり、シカやイノシシのヌタ場になっているようだ。なだらかにササと樹林の織りなす登山道は心地よい。

地形図で登山道がクロスする場所まで来ると、北に天狗塚《てんぐづか》から牛《うし》ノ背《せ》へと続く稜線が気持ちよさそうに見える。カヤの広場となっているが、クロスする登山道は判然としない。

1460メートルの標高点は直下の南を巻く。下ったところは登山道脇に小岩が点在し、休憩するのもよい。

ここから綱附森まではがまんの登りが続くが、ササ原の向こうで綱附森が手招いている。綱附森の肩に乗ってから山頂までササが深くなるが、長くはない。

ササを漕いでいくと、好展望の**綱附森**の山頂に到着する。ササが刈られた山頂部は狭いが、北へ地蔵の頭から天狗塚、東へ折れて三嶺・剣山《つるぎさん》へと続く稜線、白髪山《しらがやま》から石立山《いしだてやま》へとぐるり360度の展望が得られる。南には、香北《かほく》の御在所山《ざいしょやま》の向こうに香長《かちょう》平野が広

■**鉄道・バス**
登山に適した公共交通機関はない。
■**マイカー**
国道195号の大栃から県道49号を経由して矢筈峠まで約1時間。最奥の明賀集落から、林道笹・笹上線が山腹を幾度となく巻きながら登っていく。路面は舗装されており良好で

がり、太平洋まで見渡せる。

帰りはもちろん下りが勝つが、来た道をアップダウンをくり返しながら**矢筈峠**まで戻る。

綱附森山頂からの三嶺稜線（左・天狗塚、右・三嶺）

CHECK POINT

1 矢筈峠の駐車場から綱附森登山口方向を見る（トイレ・水もある）

2 「熊出没注意」の看板がたつ綱附森登山口

3 1421㍍標高点に向かう尾根道はササ原にモミやミズナラが点在している

4 1421㍍標高点からはどっしりとした綱附森が見える

5 登山道の脇にヌタ場となっている窪地が見える

6 地形図の十字路付近からは天狗塚～牛ノ背の稜線がよく見える

7 綱附森の山頂直下はササが深い

8 好展望の綱附森山頂から望む土佐矢筈山方面

あるが、大雨直後は香美市役所に要問合せ。矢筈峠へは高知市から約2時間。矢筈峠には20～30台ほど駐車可。トイレあり。トイレ横には水もひかれている。

■登山適期

新緑の頃、紅葉の秋。夏の稜線歩きもよいが、ササ原歩きは日射しがきつい。冬期は積雪がある。

■アドバイス

▽登山道ははっきりしており、気持ちのよい稜線歩きが楽しめる。ただし何度もアップダウンをくり返すので、ペース配分をしっかりと。

▽冬は降雪を見るが、雪景色の綱附森もまたよい。ただし登山口までの道路状況はきびしいことも多い。

▽三嶺の光石登山口から綱附新道を経て、地蔵の頭と綱附森を結ぶ稜線に出て南下するルートもよく歩かれている。稜線に出るまでの堂床谷沿いのルートは一部わかりにくいところもあるが、赤テープを追うこと。所要時間は光石登山口～稜線が登り2時間30分、下り2時間、稜線に出てから綱附森へは登り1時間10分、下り1時間ほど。

■問合せ先

香美市物部支所☎0887・58・3111

■2万5000分ノ1地形図

久保沼井

＊コース図は46・47ページを参照。

14

ササ原が広がる稜線歩きを満喫

土佐矢筈山・小桧曽山

とさやはずやま 1607m
こびそやま 1525m

日帰り

歩行時間＝4時間5分
歩行距離＝8・0㎞

技術度
体力度

コース定数＝17
標高差＝372m
累積標高差 683m 683m

↑綱附森に向かう登山道から望む土佐矢筈山

←土佐矢筈山山頂。看板奥から天狗塚や牛ノ背、綱附森を一望

徳島県との県境にある土佐矢筈山と、その西方にある小桧曽山。ともに地形図に山名はないが、2山をつなぐササ原の稜線歩きが楽しめる。

土佐矢筈山の登山口は、**矢筈峠**にある。登山口から小ピークを左にトラバースし、ゆるやかに登り下りをくり返すと、すぐに鞍部《あんぶ》に出る。ここから山頂まで、登り一方となる。

樹林帯を抜けると、目の前にササ原と白い大岩が散在する光景が広がる。ふりかえれば綱附森《つなつけもり》などを見晴らすことができる。

やがて東西につながる稜線上の**小鞍部**に着く。京柱《きょうばしら》峠と矢筈山の方向を示す看板の表示にしたがい、ほんの一投足で**土佐矢筈山**の山頂だ。山頂からは天狗塚《てんぐづか》が目の前。条件がよければ、南南東に剣《つるぎ》山《さん》や次郎笈《じろうぎゅう》、西のはるか遠くには石鎚《いしづち》山系が望める。

土佐矢筈山からの小桧曽山方面の眺め

小鞍部に戻り、京柱峠の方向を示す方向、稜線を西に行く。白い岩の横を通り樹林帯に入るが、近年ニホンジカの食害が進み、枯木や獣道が目立つ。獣道にまどわされぬよう注意が必要である。

樹林帯を下るとササ原が広がる。目の前には小さな丘のようなピークが見え、北西に向かう明瞭な道が続く。いったん下り、ゆるやかに登ると**1541㍍ピーク**に着き、さらに20分ほど西に歩くと、**「小桧曽山」を示す看板**がある。ここが小桧曽山と思いたいところだが、残念ながらニセ物である。

　主稜線を西に5分ほど下ると京柱峠への分岐があり、看板も設置されている。分岐をやりすごしなおも稜線を進むと、ほどなく樹林帯に入る。ここもシカの食害の影響で枯木や倒木が目立つが、主稜線を外さず少し登り返せば、1524・9メートルの三角点がある。ここが本物の**小桧曽山**の山頂だ。ニセの小桧曽山の看板が立派すぎて、本物の山頂を踏まずにいる登山者も少なくないと思われる。

　下山は来た道を引き返すが、広がるササ原の稜線を存分に満喫できるだろう。

CHECK POINT

矢筈峠が登山口。ここからほぼ尾根沿いを歩く

樹林帯を抜けると視界が広がり、右方向を向くと綱附森が見える

土佐矢筈山山頂直下の分岐にある京柱峠と土佐矢筈山を示す看板

1541メートルピークには、石が積まれた小さなケルンがある

4から20分ほどで小桧曽山の看板があるが、「ニセ」小桧曽山なので注意

小桧曽山山頂。「ニセ」と違って看板は地味だが、三角点もある

■**鉄道・バス**
登山に適した公共交通機関はない。
■**マイカー**
矢筈峠へは50ページ・「綱附森」の項を参照のこと。
■**登山適期**
4月中旬～5月上旬にはツツジや新緑、6月上旬あたりにはコメツツジが咲き、11月上旬～中旬には紅葉と季節ごとに楽しむことができる。積雪期も楽しめるが、矢筈峠までのアクセスが困難な場合がある。
■**アドバイス**
▽矢筈峠の駐車場にはトイレも完備されているほか、トイレ横には水場もある。
▽京柱峠の分岐から北北西に延びる尾根を下ると、国道439号の京柱峠に出る。京柱峠から登れば、小桧曽山まで1時間40分。
▽矢筈峠は、「アリラン峠」ともよばれ、かつて朝鮮半島出身の労働者が林道建設工事に就労した際に、峠が祖国の地形に似ていることから名付けたといういわれもあり、看板も立っている。
■**問合せ先**
香美市役所☎0887・53・3111、同物部支所☎0887・58・3111
■**2万5000分ノ1地形図**
久保沼井・東土居

15

皇の居た神々の山を歩く

高板山・奥神賀山

こうのいたやま 1427m
おくじんがやま 1443m

日帰り

Ⓐ高板山 歩行時間＝3時間5分 歩行距離＝3・7㎞
Ⓑ奥神賀山 歩行時間＝35分 歩行距離＝1・4㎞

技術度 技術度
体力度 体力度

コース定数＝Ⓐ11Ⓑ2

標高差＝Ⓐ232mⒷ72m

累積標高差 Ⓐ 377m 377m
Ⓑ 73m 73m

奥神賀山から高板山（中央やや右）を見る

一の杜手前では臍擦岩の間を抜ける

香美《かみ》市のウェブサイトでは、「こうのいたやま」のよび名について、「皇の居た山」に由来すると紹介されている。地元の神池《かみいけ》集落では、春と秋に安徳《あんとく》天皇をしのぶ祭りが行われている。

今回は車を使い、その高板山と西隣の奥神賀山をいっきに登ることにする。

Ⓐ高板山 梶佐古《かじさこ》林道の**三差路**に車を置き、林道を右に40分ほど歩いた**赤いゲート**から山へ入る。テープを目印に踏跡の薄い道を抜け、岩の点在する道を登ると道標がある稜線上の**鞍部**《あんぶ》に出る。

ここから、山頂に続く左の岩尾根に取り付く。時間的には長くはないが、ハイキング気分で歩ける道ではない。岩尾根上には祠がいくつかあり、安徳天皇にまつわるものもある。

狭い岩の間を抜け、一の杜《もり》の祠をすぎると、四国大《しこくおお》目《め》岩に行きあたる。誰でも登れるわけではないが、岩上からは東の剣《つるぎ》山系から西は石鎚《いしづち》山系までが見渡せる。

岩の基部を巻き、木々に囲まれたやせた岩尾根をたどると、雑木に囲まれた**高板山**山頂に着く。眺望はいまひとつで、3等三角点の表示があるのみ。

山頂からさらに北西へ尾根を進むと二の杜、三の杜の祠で、ザレ

■鉄道・バス
登山に適した公共交通機関はない。

■マイカー
高知市内から香美市大栃までは三嶺の項（42ページ）参照。高知市内から約1時間。旧大栃高校前から左手のダム湖に架かる赤い吊橋を渡り右折。梶佐古林道を豊永方向に楮佐古川に沿ってつめると、豊永峠と高板山の分岐となる三差路に着く。大栃から約50分。駐車可能。

■登山適期
通年。ツツジ、シロヤシオの花期は4月から5月。

■アドバイス
▽登山口の三差路への林道は荒れており、最低地上高の高い4輪駆動車が望ましい。また、しばしば土砂崩落による通行止めがあるので事前に役所等に確認しておきたい。

■問合せ先
香美市物部支所☎0887・58・3111、高知中部森林管理署☎0887・58・3131

■2万5000分ノ1地形図
奈呂・東土居

た急峻な道をロープを頼りに慎重に下る。**鞍部**に下ると、通行止めの標示がある。以前は尾根通しに豊永《とよなが》峠までやぶ漕ぎしながらでも行くことができたが、現在は荒廃している。標示にしたがい、ここから斜面を下ると、車を置いた**三差路**に戻ってくる。

B奥神賀山

三差路から北西へ林道を車で15分、歩けば40分で広々とした**豊永峠**に着く。気持ちのいいササ原をのんびりと歩けば、20分ほどで**奥神賀山**の山頂だ。時間があれば尾根を南西に10分ほどの奥神賀様にも行くといい。このあたりはいつ来てもササがきれいに刈られており、地元に大切に守られていることがうかがえる。

帰りは往路を**豊永峠**まで戻る。

シロヤシオ。花期は4～5月

高板山の稜線にたたずむ祠（二の杜）

CHECK POINT

1 林道の三差路。5台ほど駐車できる

2 赤いゲート。ここから左上に向かう登山道に入る

3 四国大日岩。岩上に立てば剣山系や石鎚山系が見渡せる

4 高板山山頂の3等三角点。展望はよくない

5 鞍部の通行止め標識。左の「←登山口」方向へ

6 鳥居が建つ奥神賀様

新緑がまぶしい大ボシ山山頂直下のブナ林

16 大ボシ山

美しいブナ林に囲まれた、地形図にない山

おおぼしやま 1432m

日帰り

歩行時間＝5時間50分
歩行距離＝12・0km

技術度

体力度

コース定数	＝25
標高差	＝748m
累積標高差	↗1022m ↘1022m

↑大ボシ山の山頂。周囲は自然林やササで覆われている

←"西大ボシ山"から望む大ボシ山

香美《かみ》市香北《かほく》町と長岡《ながおか》郡大豊《おおとよ》町との境にある山で、地形図に山名は載っていないが、立派なブナに囲まれ、登山道は送電線の保線路となっていることもあり、整備されている。

香美市猪野々《いのの》にある轟《とどろき》の滝からさらに奥へ。**ゲート**前に駐車し、林道を歩いてふたつ目のヘアピンカーブが猪野々林道と柚《ゆ》ノ木《き》林道の出合である。柚ノ木林道をさらに進み、

■鉄道・バス
登山に適した公共交通機関はない。
■マイカー
高知市から国道195号を東進する。香美市香北町の永瀬発電所と消防署をすぎ、轟の滝の標識にしたがい左に入る。高度のある新神賀橋を渡って物部川右岸へ。猪野々集落入口にある轟の滝の案内標識にしたがい鋭角にカーブし、猪野々林道に入る。轟の滝の入口を左に見て直進し、道なりに進むとダートになりゲートがある。ここから先は一般車両通行禁止なので、ゲート手前のスペースに車を停める。駐車は4台可。高知市内から約1時間30分。
■登山時期
ブナ林が美しい山であるため、4～5月の新緑の時期や、10月後半の紅葉時期もよい。また初冬の12月中旬の霧氷時期も楽しみ。
■アドバイス
▽轟の滝は落差82メートルの大瀑布。青く輝く3段の滝壷には、玉織姫にまつわる平家伝説がある。県指定文化財（名勝・天然記念物）で、「日本の滝百選」にも選ばれた。
▽猪野々集落には、歌人・吉井勇ゆかりの渓鬼荘を復元した吉井勇記念館がある（☎0887・58・2220）。
■問合せ先
香美市香北支所☎0887・59・2

次のカーブに**大ボシ山登山口**がある。

植林の中の急坂をつづら折りに登ると鉄塔20番に出て、尾根に乗る。**鉄塔22番**から勾配がゆるやかになり、スズタケや自然林に囲まれた道を歩く。**鉄塔26番**付近は美しいブナ林で、ここまで来ると大ボシ山へはあとひと登りだ。

登り着いた**大ボシ山**の山頂は雑木に囲まれ眺望はないが、木々の間から北西方面に梶ヶ森のアンテナが見えている。

鉄塔26番に戻ったら、さらに北西方向、大豊町側の鉄塔27番へ続く保線路をたどり、西《にし》大ボシ山ともいわれる1429メートルピークにも足を延ばしてみよう。道は東側斜面をトラバースしており、2箇所ほど沢を横切るが、足場の悪いところもあるので、足もとに注意が必要。

1時間弱で**鉄塔27番**。鉄塔を背に、シロモジなど自然林に囲まれたゆるやかな尾根を登っていく。**1429メートルピーク**山頂付近のササ原は近年のニホンジカによる食害が深刻化しているが、見晴らしもよく、南の方角には香長《かちょう》平野や太《たい》平洋《へいよう》が、正面には大ボシ山が見える。

静かな山頂でひと休みしたら往路を下山しよう。

311、大豊町役場☎0887・72・0450
■2万5000分ノ1地形図
奈呂

CHECK POINT

ゲート。一般車両の進入はできないが、歩行者はゲートの隅から通過する

大ボシ山登山口。ここからややきつめの登りが続く

鉄塔22番付近。スズタケやモミの木が出てくる。遠望はきかない

尾根の分岐。鉄塔26番が目印となる。大ボシ山山頂へは左にとる

鉄塔27番付近はシロモジなどの自然林に囲まれている

目立たない西大ボシ山の山頂標識。視界をさえぎるもののない、眺望のよい場所だ

17

梶ヶ森《かじがもり》

1400m

ぐるり360度の展望が楽しめる山

日帰り

歩行時間＝6時間55分
歩行距離＝12・0㎞

技術度
体力度

コース定数	＝**30**
標高差	＝1187m
累積標高差	↗1326m ↘1326m

大田口から見た梶ヶ森。山頂部のアンテナが目印

←天狗の鼻付近から見た山頂

↑西土居集落内の登山口。民家の間より右へ登る

　梶ヶ森は長岡《ながおか》郡大豊《おおとよ》町に位置し、国道32号やＪＲ土《ど》讃《さん》線からもよく見える。昔は加持《かじ》ヶ森《がもり》とよばれた弘法《こうぼう》大師《だいし》修行の山で、加持祈祷を行ったというのが山名の由来という説がある。

　ここでは、ＪＲ豊永《とよなが》駅から出発し、ＪＲ大田口《おおたぐち》駅に下山するコースを紹介する。

　豊永駅から高知方面（国道32号からの入口方向）に向かい、豊永橋（通称銀橋）を渡った左の三差路奥が登山口となる。

　案内板がある民家の間から登りはじめ、樹林を抜けて**佐賀山《さがやま》集落**へ。集落奥の右手の標識から再び山道に入り、**林道**大杉《おおすぎ》大田口線を

■**鉄道・バス**
往路＝ＪＲ土讃線豊永駅。
復路＝ＪＲ土讃線大田口駅。
土讃線は列車の本数が少ないので事前にダイヤを確認のこと。

■**マイカー**
高知道大豊ICから国道32号を高松方面へ10分。紹介ルートの場合は、ＪＲ大田口駅に駐車し、列車で豊永駅まで移動する。大田口駅駐車場は、1日100円、豊永駅付近は国道439号沿いに駐車可。

■**登山適期**
シャクナゲに新緑、星に紅葉、雲海、霧氷と、通年楽しめる。ただし冬期は降雪をみる。

■**アドバイス**
▽林道大杉大田口線に車を置き、周回することも可能。
▽トイレは、駅と龍王ノ滝駐車場、定福寺奥ノ院、真名井ノ滝展望所、梶ヶ森キャンプ場にある。
▽キャンプ場近くに山荘梶ヶ森（☎0887・74・0360）があり、宿泊、食事・喫茶（営業日注意）ができる。天文台併設。
▽粟生の定福寺（☎0887・74・0301）には、万葉植物園や豊永郷民俗資料館がある。園内の大賀蓮の開花は7月。
▽大田口には国宝の豊楽寺薬師堂がある。
▽豊永にあるこんどうストアーのさ

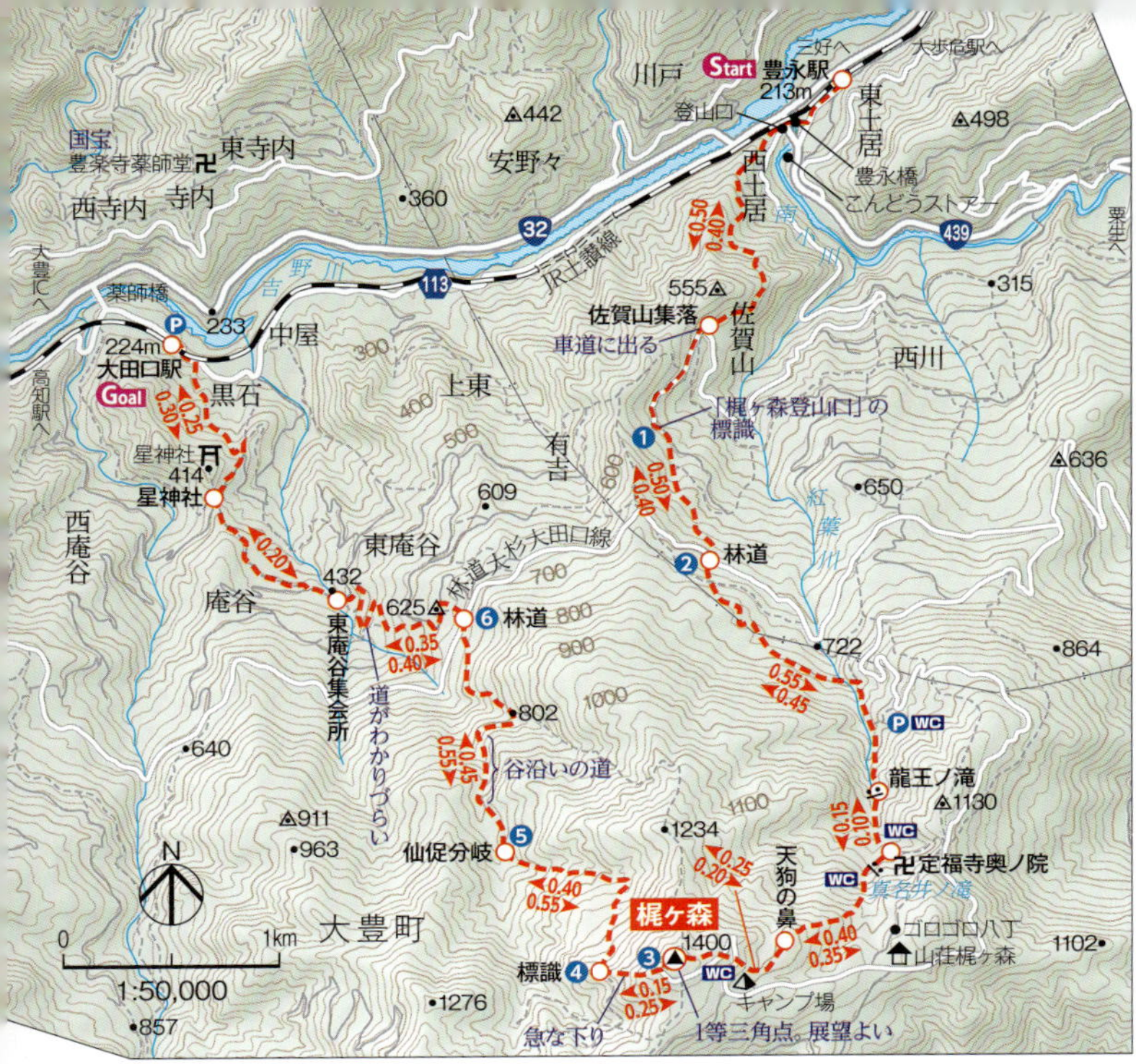

横切る。植林を登って橋を渡り、紅葉川沿いにしばらく登ると**龍王《りゅうおう》ノ滝**に出る。**定福寺奥《じょうふくじおく》ノ院《いん》**で、ルートは3つに分かれる。直進するとゴロゴロ八丁《はっちょう》。左は奥ノ院東端からの山道に入り、作業道を経て樹林帯を歩く。ここでは右に進み、真名井《まない》ノ滝をハシゴで越すとシャクナゲの森に着く。さらに、秋にはリンドウの咲く木段を登りきると、**天狗《てんぐ》の鼻《はな》**だ。

キャンプ場の脇を通り、いっきに登りつめると1等三角点のある**梶ヶ森**の山頂に着く。石鎚《いしづち》山系や剣《つるぎ》山系、さらに高知市東部、土佐《とさ》湾と大展望を楽しめる。

下山は、アンテナ塔の間から右へ下る。急な尾根を下り、**標識**の地点で右に曲がる。自然林、そして植林を下って**仙促《せんぞく》分岐**を右へ。谷沿いの道を下っていくと**林道**に下り立ち、右に少し進んで左に下ると民家が現れる。**東庵谷《ひがしいおのたに》集会所**までの間は生活道があり、迷いやすい。

集会所からは道なりに下り、**星《ほし》神社**、さらに**大田口駅**にいたる。

ば寿司、大杉のひばり食堂のカツ丼が有名。

▽龍王ノ滝駐車場まで車で入りピストンするのが一般的。山頂までは1時間30分ほど。

■問合せ先

大豊町役場☎0887・72・0450、豊永観光（タクシー）☎0887・75・0314

■2万5000分ノ1地形図

杉・東土居

CHECK POINT

1 大きなケヤキの木をすぎた右手に登山口がある

2 林道を横切り、「登山口」の標示にしたがって進む

3 山頂西直下の林道を横切り、急坂を下っていく

4 右に曲がり、大田口へ。ここで尾根から外れる

5 「左登山道近道・右仙促経頂上」と刻まれた石柱

6 東庵谷集落上部の林道。「大田口」方面に進む

松尾越南の尾根ルートから望む鉢ヶ森

18 ミツバツツジ、苔むした岩、展望を楽しむ伝説の山

鉢ヶ森

はちがもり
1271m

日帰り

歩行時間＝3時間
歩行距離＝4・3km

技術度 ■□□□□
体力度 ■□□□□

コース定数	=11
標高差	=151m
累積標高差	↗366m ↘366m

香美《かみ》市と大豊《おおとよ》町の境に位置する鉢ヶ森には、平家《へいけ》伝説があり、落ちてきた安徳《あんとく》天皇が「山の主の魔障を封じるためこの山頂に兜の鉢を埋めた」（『高知県の地名』平凡社）のが山名の由来といわれている。

車で香北《かほく》町中心部から谷相《たにあい》林道に入り松尾《まつお》峠へ。廃墟と化した有《あり》沢《さわ》無線中継所跡の前に車を停め、5分ほど林道を大豊町側に下ったカーブに**登山口**の標識がある。

市町境界尾根のミツバツツジ

ササの多い水平道を歩くと、広々とした林の**松尾越**《ごえ》に着く。松尾越からは1118・5メートルの三角点を経て尾根道に続く道と、三角点を巻く道に分かれているが、道は再び合流する。合流点はブナが茂る十字路となる。

北西に進むと、突然白い岩石で埋め尽くされた小さな谷に出る。春にはミツバツツジが群生するゴトゴト岩だ。ツツジの道を登って**尾根**に出て、尾根を巻くように行くと、苔むした岩が一面に広がる。

稜線に向かって右上方に見える大岩を目印に、谷の急斜面を上がっていく。ブナ林を楽しんだら、梶ヶ森《かじがもり》の展望がすばらしい香美市・大豊町**境界尾根**に出て左手の斜面を登れば、**鉢ヶ森**山頂に着く。狭い山頂には大山祇《おおやまずみ》神社の古い祠

■**鉄道・バス**
登山に適した公共交通機関はない。

■**マイカー**
高知市方面から国道195号を東進し、香美市香北町のアンパンマンミュージアムをすぎたら「大荒の滝」の表示にしたがい左折。新在所橋を渡って物部川右岸へ。つきあたりのT字路を右折し、県道217号を道なりに行くと、ほどなく永野集落。大元寺の看板が見えたら、畑の中左の細い道へ入る。ここが谷相林道の入口である。登山口までにふたつある分岐は両方とも落合方面へ右折し、有沢無線中継所跡のある松尾峠にいたる。雨のあとは落石が多くなるので注意（高知市から約2時間、新在所橋から約1時間）。

■**登山適期**
アケボノツツジやミツバツツジは4月末～5月にかけて。紅葉の時期も

主稜線からが梶ヶ森が一望できる

が鎮座している。葉が生い茂ると眺望がよくないが、物部《ものべ》川河口あたりの海岸線が見える。

時間に余裕があれば、河野《こうの》登山口から登ってきた道と出合う香美市・大豊町の峠まで足を延ばすとよい。鹿の食害が進み倒木の多い疎林ではあるが、1219メートル地点を下るとツツジの群落が迎えてくれる。梶ヶ森の稜線の景色も存分に味わえ、分岐では鉢ヶ森も一望できる。

帰りは往路を戻る。

CHECK POINT

1 松尾越コース登山口。車は手前の有沢無線中継所跡のあたりに置くとよい

2 ❶から30分弱で広々とした松尾越に出る。1118.5メートルの尾根もしくは尾根を巻くコースが分岐する

3 ゴトゴト岩はゆるい谷となっている。周囲はミツバツツジが多い

4 境界尾根への途中では、苔むした石が広がる場所がある

5 大山祇神社の古い祠が建つ鉢ヶ森の山頂。3等三角点が設置されている

6 1219メートルのピークはなだらかに広がっている（サブコース）

よい。

■アドバイス

▽その他のコースとしては、次のものがある。

①松尾峠（車道）から尾根通しに松尾越にいたるルート（1時間）。

②香北町日ノ御子集落奥の河野登山口から入山し、岩屋大師堂を経て鉢ヶ森に登るルート。香美市・大豊町境界の峠までの道はよく整備されている（河野登山口から境界の峠までは1時間20分、鉢ヶ森へはさらに約1時間）。

岩屋大師堂。弘法大師が苦しむ村人のために祈願した地とされる

▽近くには大荒の滝、轟の滝などの名瀑がある。

▽帰路に夢の温泉（☎0887・52・2334）や湖畔遊（☎0887・59・4777）、龍河温泉（☎0887・53・4126）など周辺の施設で汗を流せる（いずれも宿泊可）。

■問合せ先

香美市香北支所☎0887・59・2311、香北観光（タクシー）☎0887・59・3393

■2万5000分ノ1地形図

奈呂

香美市香北町から見た御在所山

御在所山山頂からの土阿連山の眺望

19

歌人・吉井勇が詠んだ香北の山

御在所山

ございしょやま
1079m

日帰り

歩行時間＝3時間
歩行距離＝6・0㎞

技術度

体力度

コース定数＝15

標高差＝679m

累積標高差 719m 719m

「寂しければ／御在所山の山櫻／咲く日もいとど／待たれぬるかな」と、歌人・吉井《よしい》勇《いさむ》が詠んだこの山は高知県香美《かみ》市にあり、ふくよかな乳房に似たその山容は、どこからでもすぐに見つけることができる。山名の「御在所」は、平《へい》家《け》の落人が安徳《あんとく》天皇を奉じて隠れ住んだという伝説に由来する。

登山口は、南側の梅久保《うめのくぼ》と西側の大屋敷《おおやしき》にあるが、梅久保からは車道が通じ、登山道の利用者が少ないため、ここでは大屋敷側のルートを紹介する。

高知市から車を走らせること約1時間20分、「平家の里・木馬《きんま》茶屋」の看板のある**登山口**に着くので車を置く。茶屋は紅葉シーズンのみ開設される。水場があり、駐車場横にはトイレもある。

茶屋の左から車道を歩き、**車道終点**の廃屋横から登山道に入る。「五山所《ごさんしょ》道」と書かれた手《て》やり石をすぎてしばらく行けば、梅久保からの車道にぐるりと囲まれた**境内の広場**に着く。車道脇にはトイレ

■鉄道・バス

登山に適した公共交通機関はない。

■マイカー

高知市から国道195号に入り香美市香北町美良布をすぎ、「大荒の滝」の看板にしたがい左折。朴ノ木の物部川に架かる新在所橋を渡る。つきあたりを右折して物部川右岸を走り、柚木谷バス停をUターンするように鋭角に左折。梅久保公民館先の御在所山案内図のある分岐を直進すると10分で木馬茶屋。高知市中心部から約1時間20分。茶屋横に5～7台ほど駐車可。トイレあり。

■登山適期

通年登れるが、春は境内のヤマザクラが、秋は参道や大荒の滝の紅葉が楽しめる。

■アドバイス

▽梅久保公民館の先の案内図のある分岐から右へ行くと、紹介コース中の境内の広場まで車道が通じている。5台ほど駐車可能なので、ここから登山をはじめることもできる。トイレあり。山頂まで50分ほど。

▽木馬茶屋から車で10分ほど奥に行くと、大荒の滝（落差約40㍍）がある。四季を通じ下山後におすすめ。

▽香北町猪野々地区に吉井勇記念館（☎0887・58・2220）がある。吉井勇が3年の隠棲生活を送った渓鬼荘を復元している。また、香北町美良布地区には香美市立やなせ

CHECK POINT

1 木馬茶屋の奥に登山口がある

2 車道終点の登山口。木馬茶屋から15分ほど

3 「五山所道」の古い石柱が残る手やり石

4 境内の広場。梅久保からの車道が合流する

5 山頂の一角に建つ韮生山祇神社

6 5の先にある御在所山3等三角点標石

があり、奉納相撲の土俵跡や、石の鳥居がある。ここからは石段の参道が、山頂の韮生山祇《にろうやまずみ》神社まで続く。

杉の巨木、夫婦松《めおと》をすぎ、展望所でひと息いれる。尻見《しりみ》坂とよばれる急勾配の石段を上がって富貴《ふき》神社へ。石段はさらに続き、四国霊場巡礼の石仏群をすぎると、韮生山祇神社の鳥居が見える。社殿の裏側に回ると、**御在所山**の3等三角点の標石がある。眺望は、その先の土阿《とあ》連山を望む展望所からがよい。

下山は往路を戻るが、石段が多いので注意して下る。

大屋敷集落の奥にある大荒の滝

たかし記念館アンパンマンミュージアム（☎0887・59・2300）があり、家族連れに人気が高い。

■問合せ先
香美市香北支所☎0887・59・2311

■2万5000分ノ1地形図
奈呂

20

西又山

希少なブナ林が広がる奥深い名山

日帰り

にしまたやま
1360m（最高点）

歩行時間＝5時間45分
歩行距離＝7.4km

技術度 ■□□□□
体力度 ■■□□□

コース定数＝**22**	
標高差＝760m	
累積標高差	↗ 916m
	↘ 916m

魚梁瀬分岐から北へ広がるブナ林

西又山1360㍍地点からから北東の高ノ河山を望む

西又山は安芸《あき》市と徳島県との県境にある山で、アプローチが悪いことから県内でもマイナーな山域にあるが、天然ブナ林や自然林（ブナやゴヨウツツジ、モミ、ツガ、ヒメシャラ、イチイ等）は一見の価値がある。

高知県で最も奥深い限界集落のひとつ・別役《べっちゃく》が起点となる。別役公民館付近に車を駐車し、上流に向けて少し歩くと、看板のない右手の茂みの中に、**登山口**となる手すりのないすべりやすい木橋が見える。木橋を渡る以外に徒渉できる箇所はなく、晴天以外の登山は避けた方がよいだろう。

植林の中の小尾根を1時間半ほど進む。作業道の分岐がいくつも出てくるが、すべて左にとる。ルートは南東方向からトラバースして北へ回りこむが、再び南に方向転換して、標高980㍍あたりで東西に延びる大きな**尾根**に乗る。

しばらくすると植林から気持ちのよい自然林に変わり、ひとつめの標識が見えてくる。この尾根には標識が全部で3つある。2010年秋に道迷い遭難が発生したことから、安芸森林管理署が設置したものだ。

やや踏跡が薄いところもあるが、尾根を外さないようにブナやヒメシャラ、ツガの森を登っていくと、**魚梁瀬《やなせ》分岐**のピーク直下に出る。

分岐から北東に進路をとる。ブナ林が広がるゆるやかな稜線は、本コースのハイライトのひとつだ。

幹周り5㍍、樹高16㍍、推定樹齢約1000年のイチイの木があり、ほどなく1360㍍地点となる。国土地理院地形図ではこのあたりに西又山の標示があるが、三角点はまだ先にある。**あずまや**は

魚梁瀬分岐～山頂間のイチイの巨木

CHECK POINT

登山口の木橋は草木が生い茂り、道からは見えづらいこともある。高度もあるので、転落注意

作業道の分岐は、右をとると南方向へずれていくため注意

魚梁瀬分岐へつながる尾根にある、ひとつめの標識

魚梁瀬分岐の標識。近くにアンテナが立っている

西又山1360メートル地点の崩壊したあずまや

広々とした西又山1321・7メートルの3等三角点だが、展望は得られない

台風で2017年に崩壊している。東に魚梁瀬の最高峰・甚吉《じんきち》森《もり》（1423メートル）が一望でき、北東には高《たか》ノ河山《こうやま》（1364メートル）、さらには阿波《あわ》の剣《つるぎ》山系を遠望する大パノラマが堪能できる。

あずまやから東に延びる稜線を少し下り、自然林の道を**三角点**（1321・7メートル）へ向かう。倒木が多いが、快適な甚吉森への縦走路だ。西又山の山頂は開けた疎林となっており、三角点の標石と小さな標識がひっそりたたずむ。

下山は往路を戻る。

■鉄道・バス
登山に適した公共交通機関はない。
■マイカー
安芸市へ国道55号を東進。安芸川を渡り伊尾木川の手前を「奈比賀」の看板にしたがい左折し県道208号へ。途中県道207号に合流し、伊尾木川沿いに北上を続ける。安芸市内から約1時間半で別役。別役公民館付近に駐車スペースがある。
■登山適期
4～12月。4月中旬～5月は、ツツジ類が咲く。10月末から11月にかけての紅葉の時期もよい。
■アドバイス
▽アクセス路となる伊尾木川沿いの車道は、落石が多く工事も多いため、役所等への道路状況の確認は必須。
■問合せ先
安芸市役所☎0887・34・1111、安芸森林管理署☎0887・34・3145
■2万5000分ノ1地形図
赤城尾山

21

魚梁瀬杉と日本遺産を味わう
千本山

せんぼんやま
1085m

日帰り

歩行時間＝4時間
歩行距離＝6・5km

技術度

体力度

コース定数	＝**17**
標高差	＝540m
累積標高差	↗ 717m ↘ 717m

魚梁瀬ダムより千本山を望む

千本山は安芸《あき》郡馬路《うまじ》村魚梁瀬《やなせ》地区に位置し、山中の魚梁瀬杉は、日本屈指の美林として知られる。

この杉は安土桃山《あづちももやま》時代から良材として豊臣秀吉《とよとみひでよし》に献上されていたといわれ、土佐《とさ》藩政時代には御留《おとめ》山として守られてきた。魚梁瀬杉は高知県の県木であり、今も高級建材として人気がある。

山頂からの眺望は望めないが、見上げると首が痛くなるほどの魚梁瀬杉の巨木の中を歩くことができる、豊かな山である。

魚梁瀬杉の銘木・親子杉

明治以降、魚梁瀬杉は国有林化される。一帯には森林鉄道が縦横にめぐらされ、切りだした木材の搬出と人々の暮らしを支えたが、今は廃墟化した線路の痕跡を残すだけだ。衰退した林業を象徴する森林鉄道と、今は林業に代わって周辺町村とともに地域を支えるユズ栽培の物語をベースに、「日本遺産」に「森林鉄道から日本一のゆずロードへ」というタイトルで2017年認定されている。

ここでは奈半利《なはり》川に架かる千年橋を起点に尾根通しに千本山をピストンし、魚梁瀬杉の巨木たちを堪能できる、ポピュラーなルートを紹介しよう。

登山口は4～5台ほど駐車可。トイレがある。吊橋の千年橋を渡ると、「森の巨人たち百選」にも選ばれた樹齢2百年以上、幹周りが6・8メートルもある千本山橋の大杉が出迎えてくれる。

整備された木道が続き、登り終えると**親子《おやこ》杉**。さらに遊歩道を進むと「鉢巻《はちまき》き落《お》とし」とよばれる

樹林に囲まれた千本山山頂

■鉄道・バス
登山に適した公共交通機関はない。

■マイカー
高知市から国道55号を室戸方面へ東進し、安田川手前を左折。安田川沿

杉の巨木群が迫り圧倒される。

遊歩道はあずまやになっている傘杉堂《かさすぎどう》まで。休憩したら、ここから山道に入っていく。尾根は北東から北へと方向を変える。1035メートルピークは右手から巻き、鞍部《あんぶ》を登り返すと奥まったところに目立たない**千本山**の山頂がある。2等三角点があり、北東方向には甚《じん》吉森《きちもり》を見ることができる。

下山は往路を戻るが、脇道に踏みこまないよう注意すること。帰路に「日本遺産」関連の見学を組み合わせることができれば、いっそう充実するだろう。

傘杉堂の展望所から。コース中唯一展望が得られる

CHECK POINT

1 県道370号上の千本山登山口。立派な木製の標柱が目印だ

2 すぐに吊橋の千年橋を渡る。この先は魚梁瀬杉の森へと入っていく

3 鉢巻き落とし。見上げるような杉の巨木に圧倒される

4 遊歩道を登ること約1時間、あずまやがある傘杉堂に着く

いに北上する。魚梁瀬ダムを抜け、標示にしたがって県道370号で西川渓谷沿いを行き、舗装が切れるところが登山口。高知市から約2時間30分。約5台の駐車スペースのほかトイレもある。

■登山適期

春夏秋冬それぞれによい。魚梁瀬丸山公園の桜は4月初旬、新緑は4月から、ウンゼンツツジは5月、紅葉は10月中旬以降。夏の原生林や渓谷のキャンプも楽しめる。

■アドバイス

▽雨のあとなどは木道がすべりやすいので注意すること。

▽時期によってはアブやブヨなどの虫除け対策を。マムシにも要注意。

▽魚梁瀬ダムに魚梁瀬森林公園オートキャンプ場（有料・☎0887・43・2215）、登山口上流の宝蔵山親水広場に快適なキャンプ場（無料）がある。

▽魚梁瀬丸山公園には、立ち寄り入浴のやなせの湯（☎0887・43・2240）や、復元した森林鉄道も展示している。

■問合せ先

馬路村役場☎0887・44・2111、安芸森林管理署☎0887・34・3145

■2万5000分ノ1地形図

赤城尾山・土佐魚梁瀬

22

洞穴を抜け、太平洋を見下ろす森林公園

東山森林公園

ひがしやましんりんこうえん
360m（公園最高点）

日帰り

歩行時間＝3時間30分
歩行距離＝7・5km

技術度
体力度

コース定数＝14
標高差＝354m
累積標高差 ↗460m ↘460m

安芸市新町の伊尾木川手前より見る東山森林公園

東山森林公園の展望台からは、太平洋や安芸市街が望める

　東山森林公園は、安芸《あき》市が伊尾《いお》木《き》地区の山林88ヘクタールを整備した自然公園で、園内にはクチナシの道、ツツジの道、アジサイの道等、たくさんの散策コースがあり、ツツジや桜、ヤマモモ、モクレン、梅などさまざまな花が楽しめる。

　ここでは、観光スポットとして人気のある伊尾木洞《どう》を抜けて公園にいたるアプローチを加えて紹介する。

　伊尾木公民館裏側の**寅《とら》さん地蔵**をスタートし、伊尾木洞へ向かう。歩き出して2～3分で伊尾木洞に着く。海岸段丘を、小さな谷の流水が浸食してできた洞穴である。

　洞穴を抜けると、国土地理院地図にも出ているシダの群落がある。蛇行する谷に沿ってシダが生え、異様な世界へ足を踏み入れた感がある。貴重なシダがあるわけではないが、数多くまとまっているのが珍しいことから、国の天然記念物に指定されている。

　谷沿いの遡行は、3つの滝が現れて木段道を上がり終了する。さらに山道を行くと**龍王《りゅうおう》池分岐**だが、池は帰りに寄ることにする。そのまま進むと案内板がある公園入口で、舗装道路に挟まれた小さな尾根のハギの道**登山口**に着く。

　登山口から山道となり、少し歩くと南に延びた尾根に展望台が見える。展望台に上がると眼下に太平洋や安芸市街、岩崎《いわさき》弥《や》太郎《たろう》の逸話が残る妙見山が望める。

　展望台をあとにツツジやヤマザクラ、アカマツの二次林を歩き、少しきつい坂を登れば**東山山頂の標識**のある尾根に出る。山頂は公

伊尾木洞先のシダの群生地

■鉄道・バス
往路・復路＝土佐くろしお鉄道ごめん・なはり線伊尾木駅下車。徒歩5分で伊尾木公民館の一角にある寅さん地蔵へ。バス利用の場合は高知東部交通バスの伊尾木学校前下車。

■マイカー
高知市内から国道55号を東進し、約

CHECK POINT

伊尾木公民館裏に設置されている寅さん地蔵

伊尾木洞入口。この先は谷に沿って遊歩道が整備されている

登山口からは道路に挟まれた尾根を登っていく

グルメの森広場にはあずまやがあり、休憩や食事にちょうどよい

園内の最高点であり、ピークハントをするなら尾根に沿って薄い踏跡をたどれば413メートルのピークへ着くが、夏はやぶ化している。

稜線の分岐から南に延びる尾根（クチナシの道）を夏の森まで下り、ツツジの道やサクラ広場を経て**グルメの森広場**に到着する。あずまやで休憩したら龍王池に下り立ち、瑠璃《るり》色に輝く池を散策するのもよい。池をめぐって往路の**龍王池分岐**に出たら、谷沿いの道を引き返していく。

伊尾木洞に戻らずまっすぐ人家の間を抜けると、正面に鎮守の森がある。手前が**琴平《ことひら》神社**、隣が伊尾木八幡宮《はちまんぐう》で、石段を下り左にとるとスタート地点の**寅さん地蔵**に着く。

50分で伊尾木公民館。公民館前に駐車可。国道を挟んだKマートの南側も駐車可。東山森林公園内にも駐車場がある。

■登山適期

園内のツバキ（2月〜）、梅（3月）、桜、ツツジ（3月〜4月上旬）、アジサイや県花のヤマモモの実は6月、秋の紅葉は11月以降。園内は定期的に整備されているが、夏はやぶになることがある。

■アドバイス

▽東山森林公園内には紹介ルート以外にも遊歩道があり、公園のルート案内を参考に行動を決めるのもよい。

▽安芸市外には土居廓中・武家屋敷や野良時計など観光名所がある。また、内原野公園のツツジは毎年4月に約1万5千本が咲き乱れる。東山森林公園と内原野公園をセットで山行を組むとツツジが堪能できる。

▽近くの北川村にはモネの庭園を再現したモネの庭「マルモッタン」（☎0887・32・1233）がある。

■問合せ先

安芸市役所☎0887・34・1111、安芸観光情報センター☎0887・34・8344、土佐くろしお鉄道☎0887・34・8800、高知東部交通（バス）☎0887・35・3148

■2万5000分ノ1地形図

安芸

23 「吾北のナイアガラ」を満喫する 程野の滝

ほどののたき
約800m（最高地点）

日帰り
歩行時間＝3時間55分
歩行距離＝7・0km

技術度 ▲▲▲▲▲
体力度 ♥♥♥♥♥

コース定数	＝17
標高差	＝300m
累積標高差	↗711m ↘711m

↑滝つぼから望む東滝。ドンドラ滝やトトロ滝の別名がある

←山神荒神をすぎると、巨岩がそそり立つ道が続く

程野の滝は吾川《あがわ》郡いの町、「仁淀《によど》ブルー」で知られる仁淀川の支流・枝川川《えだがわ》に注ぐ、東《ひがし》滝と西《にし》滝、権現《ごんげん》滝、大樽《おおたる》の滝という4つの滝の総称。滝の高さは50〜100メートルで、絶壁から4本の滝がほぼ等間隔に流れ落ちるのは、全国的にも珍しい。約4キロにわたり東西に連続する断層崖の規模は、四国随一だ。

西滝登山口からまずは権現滝を目指す。竹林の道を抜けてほどなく西滝・東滝方面との**分岐の標識**がある。整備された登山道をさらに西へ横切って進む。**権現滝**は

■**鉄道・バス**
登山に適した公共交通機関はない。
■**マイカー**
高知道伊野ICから約1時間20分。国道33・194号を西条方面に向かい、いの町吾北総合支所（旧吾北村役場）がある思地をすぎ10分で「程野の滝」の案内板にしたがい右に入る。道なりに進むと三差路が現れる。右はグリーンパークほどの、左に行けば西滝登山口に行き着く。駐車台数は2〜3台程度。
■**登山適期**
紅葉の時期がよい。
■**アドバイス**
▽ハイキングコースではあるが、登山道は足もとが悪い場所が多いため、登山靴の使用が望ましい。
▽東滝上流の駐車場から東滝・西滝へ行くこともできる。
▽近くには、幻想的な青色の滝つぼで知られる「にこ淵」がある。水神の化身とされる大蛇が棲むところとされ、地元の住民は近寄らない神聖な場所といわれる。
▽東滝登山口の近くの「グリーンパークほどの」（☎088・867・3705）にはバンガローやキャンプ場があるほか、ホームページに西滝や東滝の散策が紹介されている。
▽吾北むささび温泉（いの町小川東津賀才、☎088・867・3105）で立ち寄り入浴ができる。

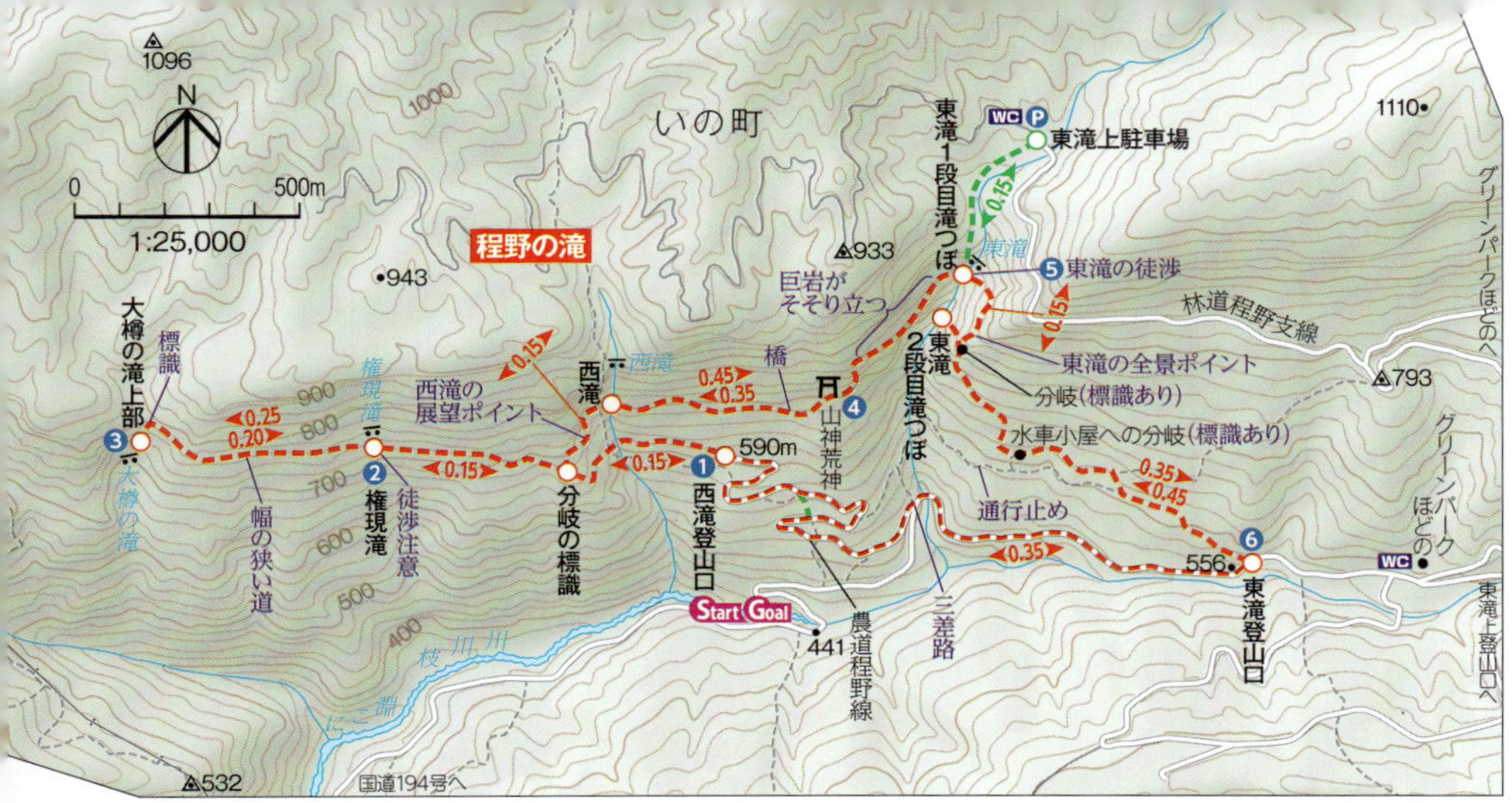

水量の少ない滝である。

大樽の滝へは標識を目印に権現滝を徒渉するが、岩はすべりやすく、増水時ならずとも注意が必要。大樽の滝までは急坂があり、道幅は狭く、足もとの悪い薄暗い植林の道だ。滝には標識にしたがい、南へ少し下る。標識からさらに進むと、**大樽の滝の上部**に出る。

西滝への**分岐の標識**まで戻って左にとり、10分弱で西滝の格好の展望台がある。西滝上部には伊《い》予《よ》へ通じる戸《と》中越《ちゅうごえ》の道があり、商人が行き来したという。

西滝の滝つぼを通過し、東滝方面へは断崖絶壁に沿って進む道に変化していく。山神荒神という岩屋にある神社をすぎたあたりから、垂直にそそり立つ岩壁の高度感が増す。東滝へはいったん「東滝渓谷」の標識がある**1段目の滝つぼ**を徒渉し、左岸を南へ下る。途中の谷側に入りこむ箇所から、東滝の全景を見ることができる。**2段目の滝つぼ**へは、標識から急坂を5分ほど下る。

下山は標識まで戻り、荒れた竹林と廃屋の道をたどる。2019年1月現在、農道程野線へつながる水車小屋方面の登山道は通行止めになっている。

東滝登山口からは35分の車道歩きで**西滝登山口**に戻る。

■問合せ先
いの町吾北総合支所☎088・867・2311
■2万5000分ノ1地形図
日比原

展望所からの紅葉の西滝。別名赤滝・商人滝

程野の滝を国道194号から遠望。大樽の滝と権現滝、西滝が見える

CHECK POINT

1 集落の間を抜けた道路の終点が西滝への登山口となる。駐車スペースは少ない

2 水量の少ない権現滝。昔、滝の東側に寺があり千手観音仏が安置されたという

3 大樽の滝の上部の滝。大樽の滝自体は落ち口が見えるのみ

4 途中の岩屋には山神荒神がある

5 東滝を徒渉する。すべりやすいので、雨後など岩がぬれている時は要注意

6 東滝の登山口には俳句の道の石碑がある。あとは林道歩きで西滝登山口に戻る

24

稲叢山・西門山

花を愛で展望を楽しむ山

日帰り

歩行時間＝5時間45分
歩行距離＝10・8km

いなむらやま　1506m
にしかどやま　1497m

技術度
体力度

コース定数＝23
標高差＝379m
累積標高差　856m　856m

↑国道194号の吉野川に架かる戸中橋（いの町）から北東方向の稲叢山。登山家・岩崎元郎氏の「新日本百名山」に選ばれている

←洞窟コースにある「伝説の洞窟」。名前の通り、平家の落武者が立てこもった場所といわれる

土佐《とさ》町、いの町境にある稲叢山は、古くは「稲村《いなむら》山」と記されていたが、山頂近くに池があり稲のような植物が茂っていたことから、稲叢山とよばれるようになったとされている（『角川日本地名大辞典』）。平家《へいけ》の落人が、安徳《あんとく》天皇と付近の洞窟に入ったという伝承もある。

四国電力が伊方《いかた》原発の余剰電力を使って揚水した水で発電する、本川揚水発電所の調整池である稲村ダムによって、独特の景観がつくりだされ、アケボノツツジ、シャクナゲなどを楽しみに多くの登山者が訪れている。

＊コース図は75ジペーを参照。

山頂へのコースはいくつかあるが、どのコースもよく整備され、1時間半から2時間で登ることができる。ここでは洞窟コースで山頂に立ち、東にある西門山とセットで登るコースを紹介する。

ダム管理事務所側に駐車し、ダム沿いに15分ほど歩くと**渓谷登山道の標識**があり、これにしたがい山道に入る。沢を渡るとほどなく頂上コースと洞窟コースの分岐があり、右に洞窟コースをとる。やがて大《おお》滝が現れる。平家の落武者が非業の死を遂げたと伝えられている伝説の洞窟、屏風を立てたような漆黒《しっこく》の滝もある。

短いクサリ場を通過して岩の間を登ると、ひと休みできる二枚岩があり、ダム湖の展望が楽しめる。

展望の利かない西門山山頂

原生林を抜けると**四差路**に出て、左に曲がり尾根をたどる。トサノミツバツツジやアケボノツツジ、シャクナゲのトンネルをくぐると**稲叢山**山頂だ。岩場の上にある祠からは四国山地のパノラマが楽しめ、足もとには稲村ダム湖が光っている。

ひと休みしたら**四差路**へ戻り、西門山に向かう。四差路を左に曲がりブナやリョウブの快適な自然林をすぎると、稲村トンネル上部の**鞍部**《あんぶ》に着く。標識にしたがい西門山を目指す。

東に向かう尾根をたどり、小ピークに立ち一度大きく下る。大岩の間を登り、シャクナゲやシロヤシオの林を抜けると**西門山**の山頂だ。山頂は刈り払われて広場になっているが、展望は利かない。

帰りは**鞍部**まで引き返し、**稲村トンネル登り口**へ下山して、舗装道を**ダム管理事務所**まで戻る。

稲叢山の山頂から望む稲村ダム湖

CHECK POINT

1

ダム駐車場のすぐ先にある保線道コースの登山口

2

❶から15分で洞窟コースと頂上コースの登山口へ

3

丸太のベンチがある四差路。稲叢山山頂へは左へ

4

稲叢山山頂。岩の上に2等三角点と祠がある

5

鞍部にある稲村トンネル登り口への分岐

6

稲村トンネル登り口に下り着く。あとは車道歩き

■鉄道・バス
登山に適した公共交通機関はない。

■マイカー
高知市からのアクセスのルートは多いが、どれもよいとはいえない。
①本川側から入る場合、いの町を経由して国道194号を西条市方面に向かい、本川トンネル手前の生コン工場を右に入る。大橋ダムのダム湖を渡って四国電力の発電所前から狭い舗装路に入り、稲村トンネルまで高度を上げる。トンネルを抜けて下るとダム管理事務所に着く。高知市から約2時間。
②土佐町瀬戸側からも入ることができる。高知市からは旧鏡村から県道6号を使うのが最短距離になるが、狭い道が連続する（約2時間）。
③距離は遠くなるが、最もわかりやすいのは、高知道大豊ICから国道439号に入り、土佐町を経由して大川村へ。役場の手前から「黒丸」の表示にしたがい早明浦ダム湖を大川小中学校側へ渡り、つきあたりを左折して瀬戸川渓谷をさかのぼるルートだろう（約2時間30分）。
その他、いの町吾北の程野からも入れる。
ダム管理事務所の駐車スペースは十分で、事務所横にトイレもある。

■登山適期
4～11月。冬には霧氷や結氷も見られるが、道路の除雪は期待できない。

■アドバイス
▽マイカー①の本川発電所～稲村トンネル間は、落石などで不通になることもある。他のルートも道の状況が悪いことが多いので、事前の情報収集をしっかりすること。
▽国道194号のいの町小川に吾北むささび温泉（☎088・867・3105）がある。

■問合せ先
土佐町役場☎0887・82・0480、いの町本川総合支所☎088・869・2111

■2万5000分ノ1地形図
日ノ浦・日比原・土佐小松・西石原

1:20,000
0
500m
N
いの町
土佐町
大川村
稲叢山
1506
西門山
1497
四差路
鞍部
稲村トンネル登り口
ダム管理事務所
Start Goal
WC P
1128m
稲村調整池
稲村ダム
深谷登山道標識
保線道コース登山口
保線道コース
頂上コース
洞窟コース
頂上コース・洞窟コース分岐
伝説の洞窟
大滝
クサリ
ダム湖の展望
トサノミツバツツジ
アケボノツツジ
シャクナゲ
ブナ、リョウブの自然林
鉄塔
稲村トンネル
大岩
見晴らし場
展望はない
長い車道歩き
一ノ谷土場
本川発電所 国道194号へ
瀬戸川渓谷 県道6号へ
瀬戸川
1397
1254
1293
1201
1323
978
1298
1424
0.15
0.50
1.10
0.30
0.20
0.40
0.10
1.00
1400
1300
1200
1100
1000
900

25

変化に富んだ穴場的存在の山

大森山・佐々連尾山

日帰り

歩行時間＝6時間
歩行距離＝5・8㎞

技術度 ■■□□□
体力度 ■■□□□

おおもりやま 1433m
さざれおやま 1404m

コース定数＝19
標高差＝481m
累積標高差 ↗653m ↘653m

佐々連尾山からの大森山

稜線は大ブナが多い

大森山からの瀬戸内海の展望

高知県本山町《もとやま》と愛媛県四国中《しこくちゅう》央《おう》市の境にある大森山から佐々連尾山へのコースは、静かな山歩きや、少しハードで変化のある登山道を好む人向けだ。登山道前半はややハードな岩場の通過、後半は大きなブナ林、そして気持ちのよいササをかき分け山頂を目指す。

県道264号の白髪《しらが》トンネルの高知県側入口右手が**登山口**。ここからゆるやかな道を10分進むと、**林道が分岐**する。左に進み、20分ほどで伊予《いよ》への往還道であった県境稜線上の**猿田《さるた》峠**に着く。

ここからややハードな尾根の急登となる。岩が次々と現れてくる。やがて数メートルの高さの岩が目の前に現れ、設置されたロープを使い慎重に登る。少し登ると、眺めのよい岩のテラスに着く。小休止し、振り返って展望を楽しみたい。

やがて**尾根の分岐**に出る。ここから東に進むが、尾根筋は平坦で広く道が不明瞭なので、尾根を外さないこと。尾根道には大木のブナが数多く見られ、またマユミの大木が多いのに驚かされる。

分岐から20分強で**大森山**の山頂に着く。手製の標識が木にぶら下がっている山頂は、眺望こそあまりよくないが、広いササ原と大きなブナを眺めているだけで心が癒

稜線からの佐々連尾山

■鉄道・バス
登山に適した公共交通機関はない。
■マイカー
高知道大豊ICから国道439号で本

CHECK POINT

県道264号・白髪トンネル高知県側の右手が登山口。駐車スペースもある

登山口から10分ほどで林道の分岐に出る。ここを左に行く

県境稜線上の猿田峠。ここから大森山へは尾根の急登となる

急登の途中にある岩場。ロープを使って乗り越えていく

猿田峠から1時間半ほどで尾根分岐に出る。ここで東に進路を変える

佐々連尾山山頂はスズタケのやぶで、山頂標識周辺のみ刈られている

される。

小休止したら、佐々連尾山に向かおう。ササ原を少し進むと、岩の露出した展望のよい小ピークに出る。南西に玉取山《たまとりやま》や兵庫山《ひょうごやま》、登《と》岐山《ぎやま》、南東に奥工石山《おくくいしやま》に白髪山《やま》、振り返れば翠波峰《すいはみね》、赤星山《あかぼしやま》等が遠望できる。この尾根筋一帯はシャクナゲ、ドウダンツツジ、アケボノツツジが多く見られる。

さらに20分ほどスズタケをかき分けながら東に進むと、目の前に**佐々連尾山**の三角点と山頂の標識が現れる。

下山はブナ林をゆっくり堪能しながら往路を帰る。

山町中心部へ。県道264号に入り吉野から汗見川沿いに北上、約1時間で白髪トンネル南口の登山口に着く。登山口には10台ぐらい駐車できる。愛媛県側からは松山道三島・川之江ICから国道11号を西進して三島金子交差点を左折。国道319号～金砂湖～県道6号～県道126号をへて白髪トンネル南登山口まで約1時間。

■登山適期
通年可能だが積雪時は避けたい。春のシャクナゲ、ミツバツツジ、アケボノツツジは4月下旬～5月上旬。紅葉は10月中旬から。汗見川沿いの新緑、紅葉はすばらしい。

■アドバイス
▽林道坂瀬線を使い、中川峠経由で縦走することもできる。林道は悪路なので、最低地上高の高い車が望ましい。ただし災害で通行不可になることが多く、当該自治体等に事前確認が必要。

■問合せ先
本山町役場☎0887・76・2113、本山町観光協会☎0887・76・4187、高知県中央東土木事務所本山事務所☎0887・76・2105、嶺北森林管理署☎0887・76・2110

■2万5000分ノ1地形図
佐々連尾山

26

カガマシ山・橡尾山

ブナやカエデの原生林が残る県境稜線

かがましやま 1343m
とちおやま 1222m

日帰り

歩行時間＝4時間10分
歩行距離＝11.1km

技術度
体力度

コース定数	＝18
標高差	＝453m
累積標高差	↗ 647m ↘ 647m

笹ヶ峰から見る橡尾山・カガマシ山（右）の稜線。カガマシ山の左に奥工石山、白髪山へと続く

カガマシ山と橡尾山は、高知県大豊《おおとよ》町と愛媛県四国中央《しこくちゅうおう》市にまたがる山である。

カガマシのいわれはよくわかっていないが、土佐《とさ》藩政中期の『土佐州郡志』に「加々麻之乃」と景勝地として記されている。

ここでは、高知県側から簡単に登れるコースを紹介しよう。

カガマシ山頂近くにある大ブナ

大豊町仁尾ヶ内《におがうち》から林道橡尾線を走り、舗装が切れて少し進むと**ゲート**がある。ここが登山口だ。

林道をカガマシ山方面に50分歩くと、カガマシ山の麓まで延びている平坦な林道の分岐（**林道登山口**）に出る。この分岐を左にとるとすぐカガマシ山の登山道の標識があるが、目の高さより上にある。夏はやぶに覆われ見つけづらくなるので注意が必要だ。

林道登山口から植林帯を約20分登れば、県境上の**橡尾峠**に着くが、平坦な尾根で方向感覚がズレやすく、コンパス等で確認のこと。

橡尾峠から西方向に約50分歩くとカガマシ山、東に約20分で橡尾山だが、まずはカガマシ山へ足を延ばそう。

峠からブナやカエデの原生林の木立ちを30分ほど歩くと、シャク

■**鉄道・バス**

山麓の仁尾ヶ内まで、JR土讃線大杉駅から大豊町民バス（日曜・祝日運休）があるが、登山には使いづらい。仁尾ヶ内から登山口へ徒歩約1時間30分。

■**マイカー**

高知道大豊ICを左に出てすぐに右折し川口大橋を渡り、右折して県道5号に入る。立川川沿いに北上し旧立川番所書院のある大豊町刈屋へ。刈屋から町道仁尾ヶ内線に入り仁尾ヶ内バス停から林道橡尾線へ。林道を進むと登山口のゲートが現れ、3台ほど駐車可（刈屋から車で15分）。林道は中埜林業の私道のため、駐車は通行の妨げにならないよう注意が必要。ゲート少し手前の谷水が車道を流れている場所にも数台の駐車スペースがある。

■**登山適期**

通年登山可能だが、秋の紅葉から春の新緑の頃がおすすめだ。夏は木立ちの葉が茂り眺望はあまり得られないが、冬の落葉時期は樹間から展望がある。冬の愛媛県側の霧氷も美しい。

■**アドバイス**

▽アクセス路の林道橡尾線は、途中から未舗装となる。

▽高知県側からの別ルートは、昔の土佐から伊予への山越え道（中川峠登山口）と、奥工石山北登山口から

ナゲ尾根との合流点に着く。そこから少し歩くと尾根が細くなり、展望のよい岩場に出る。さらに進むと、大きなブナの木が登山道に現れる。山頂はすぐそこだ。

カガマシ山の山頂は3等三角点と山頂標識があり、白《しら》髪《が》山《やま》や三傍《さんぼう》示山《しやま》の眺望が得られる。文献によれば、太平洋や瀬《せ》戸《と》内海《ないかい》が見えるとあるが、現在は展望はいまひとつ。

カガマシ山で休息したら来た道を**橡尾峠**まで戻り橡尾山へ向かうが、橡尾山への稜線は幅が広くテープを見落とすと登山道をすぐ外してしまうので、コンパスは必ず合わせよう。

たどり着いた**橡尾山**の山頂は、夏場は眺望がない。

下山は往路を戻る。

のルートがある（ともにカガマシ山へ4時間ほど。両ルートとも山慣れした人向き）。

▽橡尾山には県道5号笹ヶ峰隧道から登る最短路があるが、やぶに覆われている。

▽国道32号の大豊町大杉地区には、樹齢3千年といわれる日本一の大杉があり、国の天然記念物に指定されている。

■問合せ先

大豊町役場・大豊町民バス☎0887・72・0450

■2万5000分ノ1地形図

佐々連尾山・野鹿池山

CHECK POINT

1 車両侵入禁止の林道ゲート。クサリの先に登山口標識があるが現在は廃道

2 林道上の登山口。右の木立ちの中にカガマシの標識がある（夏は見落とし注意）

3 橡尾峠。十字路になっているが尾根が広く、方向を間違いやすい

4 3等三角点があるカガマシ山山頂。周囲の灌木により展望はよくない

27

参勤交代官道を使い三国境の嶺へ

笹ヶ峰・三傍示山

ささがみね 1020m
さんぼうしやま 1158m

日帰り

歩行時間＝3時間20分
歩行距離＝6・5km

技術度
体力度

コース定数	＝13
標高差	＝361m
累積標高差	登 508m / 下 508m

縦走路途中から見る三傍示山

土佐《とさ》と伊予《いよ》の境にある笹ヶ峰は、土佐6代藩主・山内豊隆《やまうちとよたか》の時に海路から陸路に変更し使用された参勤交代の官道(旧土佐北街道)が登山道として残る。参勤交代の休憩場所（笹越《ささご》え）から東に尾根を歩き、三国境（土佐、伊予、阿波《あわ》）の三傍示山への縦走を紹介する。

県道5号（土佐北街道）の笹ヶ峰隧道手前1キロに**登山口**がある。最初は植林帯の登りが続くが、ところどころに石畳の道が出てくる。

植林帯からミズナラやリョウブの天然林に変わると、参勤交代の休憩場所「笹越え」に着く。土佐の9代藩主・山内豊雍《やまうちとよちか》の詠んだ歌碑や県境の大きな杭、峠の説明板がある。**笹ヶ峰**山頂は笹越えの左の小高いブナ林に山頂標識があるが、展望はいまひとつ。ただし休憩をとるにはよい場所で、昔の旅人の思いに浸るのもよい。4等三角点は、西の橡尾山《とちおやま》方面に少し歩いた場所にある。

旧土佐北街道は道標がしっかりしていて、愛媛県新宮《しんぐう》の下《くだ》り付《つき》まで延びている。古道歩きや登山者にも人気がある道だ。

石畳の残る登山道で笹ヶ峰を目指す

■**鉄道・バス**
登山に適した公共交通機関はない。
■**マイカー**
高知道大豊ICを左に出てすぐに右折し川口大橋を渡り、右折して県道5号に入る。立川川沿いに北上し旧立川番所書院のある大豊町刈屋へ。さらに県道5号を約6・5キロ進むと登山口があり、近くの路肩に3～4台程度の駐車スペースがある。満車時はさらに進んだ笹ヶ峰隧道の入口に大きな駐車スペースがある。隧道入口から登山口へ徒歩約30分。
■**登山適期**
四季を通じて登山可能だが、夏はやぶになることがある。現在スズタケ

CHECK POINT

1 登山口。土佐北街道の道標と笹ヶ峰の標識がある

▼

2 県境稜線上の笹越え。左の小高い場所に笹ヶ峰山頂標識がある

▼

3 三県境。左に10分も歩けば三傍示山山頂に着く

▼

4 三傍示山山頂は周囲に灌木があり展望はよくない

三傍示山へは、笹越えから東に延びる稜線を歩く。稜線上は大きなブナが点在する樹林帯のため展望はよくないが、975㍍《メートル》のピークではカガマシ山《やま》や奥工石山《おくくいしやま》、白髪山《しらがやま》に続く稜線や、これから登る三傍示山を見ることができる。

975㍍《メートル》ピークをすぎ、登りの途中で南からの尾根と合流する。ここが高知、愛媛、徳島の**三県境**で、テープや小さい標識がある。分岐を左にとり、少し登ると3等三角点がある**三傍示山**山頂へ着く。周辺の草は刈られているが灌木があり、見通しはよくない。稜線を北の塩塚峰《しおつかみね》方面にわずかに歩くと、塩塚峰や梶ヶ森《かじがもり》の展望が得られる。

下山は往路を戻る。

が刈られていれば快適な稜線歩きができる。冬場は県道の積雪に注意が必要。

■**アドバイス**

▽登山口下部の出会橋登山口からも登山可能。出会橋登山口から登山口まで約1時間、道は少し荒れている。

▽コース中に水場はない。

▽大豊町刈屋地区には、一見の価値がある「立川御殿」とよばれる旧立川番所書院（☎0887・72・0450）がある。東の岩佐番所（北川村）、西の池川番所（仁淀川町）とともに土佐の三大番所のひとつ。山間部では珍しい寄棟づくり（一部入母屋づくり）茅葺きの平屋建てで、参勤交代北山越えでは土佐領内の最後の藩主の宿所だった。

旧立川番所書院。日曜・祝日開館（外観の見学は終日可）。入館有料

■**問合せ先**

大豊町役場☎0887・72・0450、大豊ハイヤー☎0887・72・0143、大杉ハイヤー☎0887・72・0036

■**2万5000分ノ1地形図**

野鹿池山

28

奥工石山〈工石山〉

眺望がすばらしい1等三角点の山

日帰り

おくくいしやま〈くいしやま〉 1516m

歩行時間＝3時間25分
歩行距離＝4.5km

技術度 ■□□□□ 体力度 ■□□□□

コース定数＝13

標高差＝356m

累積標高差 ↗469m ↘469m

高知県にはふたつの工石山がある。ひとつは高知市・土佐《とさ》町境の工石山（前《まえ》工石山・95ﾍﾟｰｼﾞ参照）と、ここで紹介する大豊《おおとよ》町・本山《もとやま》町境の奥工石山（立川《たじかわ》工石、竜王山《りゅうおうやま》）である。

山中にブナの原生林があり、春のアケボノツツジ、ミツバツツジ、シャクナゲが美しく、秋の紅葉シーズンも見ごたえのある山である。とくにユルギ岩からの眺望がよく、晴れた日には石鎚《いしづち》山系や剣《つるぎ》山系の山並みが眺望できる。また、地質的にも希少な紅簾石片岩《こうれんせきへんがん》の大露頭が見られる山である。

←竜王越から見るユルギ岩と奥工石山

←眺望のすばらしいユルギ岩

短時間で登れる東面の白山《はくさん》神社登山口がよく利用されるが、ここでは白山神社登山口の先にある**竜王越《ごえ》登山口**から、稜線を歩くコースを紹介する。

登山口は林道脇に道標があり、すぐわかる。稜線に簡単に乗る。1292ﾒｰﾄﾙのピークまでは結構急坂であるが、春のツツジの咲く頃は、次々に出てくる花を見ながら歩けるだろう。

大きな桧があるピークで岩に行く手をふさがれるが、テープの目

■鉄道・バス
登山に適した公共交通機関はない。

■マイカー
高知道大豊ICを左に出てすぐに右折し川口大橋を渡り、右折して県道5号に入る。立川川沿いに北上し旧立川番所書院のある大豊町刈屋へ。旧立川番所書院の手前を渡って町道仁尾ヶ内線を約6ｷﾛで工石橋。さらに林道を約12ｷﾛで竜王越に着く（大豊ICから約1時間）。竜王越は10台ほど駐車可能。本山町から汗見川沿いの県道264号を遡り、本山町七戸から奥白髪林道、竜王林道経由でも竜王越に行ける。なお、アプローチの林道はすべて悪路である。

■登山適期
四季を通じて登山可能であるが、冬場は林道の積雪で登山口まで着けないことがある。アケボノツツジ、ミツバツツジは4月下旬～5月上旬。

■アドバイス
▽白山神社登山口の工石山荘（山小屋・約30人）は自由に利用できる。
▽竜王越からは白髪山（86ﾍﾟｰｼﾞ参照）の冬の瀬登山口まで近いので、1日に2座登ることが可能。
▽紅簾石片岩の露頭を見るには、ユルギ岩と山頂の間にある登山道が2019年1月現在通行禁止のため、竜王林道登山口から登るか、奥工石山山頂から西へ稜線を下り竜王林道登山口からの登山道に合流する。た

登山道に咲くアケボノツツジ。ほかにミツバツツジ、シロドウダンも多い

印を追い左に巻くと稜線上に戻る。**林道分岐**を経て、ブナやツツジを見ながら稜線を進み、1時間ほどで白山神社登山口からの登山道に合流する（**竜王分岐**）。この先は道が厳しくなる。岩清水《いわしみず》の水場（夏は枯れる）をすぎ、大きな岩を右に巻くとユルギ岩が現れる。ユルギ岩を右に巻いて少し登ると、三角点のある**奥工石山**山頂に立つ。休憩するなら、白山神社の祠と「れいほくネイチャーハント」の立川工石山の標識があるユルギ岩がいいだろう。西に石鎚山系、東に剣山系の大展望が開け、四季折々の花が色を添える。

下山は往路を引き返すが、1292㍍のピーク手前の分岐（**林道分岐**）を左に5分ほど下って林道に出てもいい。林道を約20分歩けば**竜王越登山口**に戻ってくる。

だし両コースともに山慣れた人向き。▽北登山口は、2019年1月現在登山口標識がない。

■問合せ先
本山町役場☎0887・76・2111、大豊町役場☎0887・72・0450、嶺北森林管理署☎0887・76・2110

■2万5000分ノ1地形図
佐々連尾山・本山・野鹿池山

CHECK POINT

1 竜王越の林道脇に登山口がある。カーブミラーや案内板が目印だ

2 1292 mのピークは赤テープを目印に左に巻く

3 奥工石山山頂にある1等三角点

4 林道分岐の目印。手前のスズタケが刈られ、新しい道ができている

29

ブナの巨木を堪能する県境歩き

野地峰・黒岩山

のじみね 1279m
くろいわやま 1342m

日帰り

歩行時間＝4時間55分
歩行距離＝6.0km

技術度 体力度

コース定数＝**18**

標高差＝492m

累積標高差 ↗659m ↘659m

↑野地峰山頂付近から見る県境稜線と黒岩山（左の突起状は登岐山）

←黒岩山北斜面にある八方ブナ。その名のごとく八方にみごとな枝を伸ばしている

野地峰と黒岩山は、ともに四国の水がめ・早明浦《さめうら》ダムの上流、高知県大川《おおかわ》村と愛媛県四国中央《しこくちゅうおう》市の県境を接する山である。

野地峰の高知県側の登山口は、大川村朝谷《あさたに》の白滝《しらたき》神社横と、作業道からの2箇所ある。ここでは作業道登山口から野地峰に登り、黒岩山まで縦走するコースを紹介しよう。

白滝鉱山跡の**山村広場**から旧トロッコ道を10分ほど歩くと、**登山口**がある。植林の登山道を40分ほど登ると、冬にはみごとな氷柱を見ることができる**岩**がある。夏場は水場にもなるので、ここで小休止しよう。

岩から20分ほど登ると反射板が見え、まもなく**野地峰**の山頂に着く。山頂には首なし地蔵が鎮座し、法皇《ほうおう》山脈の山々を眼前に見ることができる。

山頂から稜線を東にとり、黒岩山を目指す。以前はササやぶの登山道であったが、近年は大川村が登山客をよびこむために整備しており、快適な稜線歩きができるようになった。

■**鉄道・バス** 登山に適した公共交通機関はない。

■**マイカー** 高知道大豊ICから大川村の県道17号小松川橋までは40㌻「大座礼山」参照）。橋の手前を白滝への標識にしたがい右折。県道6号を大北川沿いに走り、5分ほどで右に白滝橋を渡る。さらに10分ほど進み、はちきん地鶏生産センター上の白滝の里山村広場に車を停める。大豊ICから約1時間30分。高知市〜いの町中央部〜国道194号〜本川〜県道17号で小松まで入るルートもある。高知市から山村広場まで約2時間15分。

■**登山適期** 四季を通じて登れるが、晩秋から春の新緑の季節がよい。積雪期に標高の高い山に登れない時におすすめの山だが、チェーンは必携。

■**アドバイス** ▽登山口は白滝神社横にもある。近年整備され、スズタケのやぶはない。▽駐車場、トイレは山村広場にある。

■**問合せ先** 大川村役場☎0887・84・2211、大川村ふるさとむら公社☎0887・84・2201

■**2万5000分ノ1地形図** 土佐小松

CHECK POINT

山村広場から10分ほど歩くと登山口がある。ここから野地峰へ標高差約420メートルの登り

野地峰山頂。山名標は1278メートルと記載されているが、実際は1279.4メートルある

野地峰の東直下にあるマイクロウェーブ反射板。黒岩山からも確認できる

黒岩山山頂直下の急登。下山時はスリップに注意したい

黒岩山山頂からの野地峰（中央やや右）。右奥に法皇山脈が連なる

野地峰山頂の首なし地蔵

野地峰への登路にある氷柱のできる岩

県境尾根の登山道は黒岩山まで一本道のため迷うことはないが、山頂直下は急登だけに、下山時はとくに注意を要する。

たどり着いた**黒岩山**の三角点は、ピークから少し南西に下った尾根上にある。山頂からは、平家《へいけ》平《だいら》や大座礼山《おおざれやま》、法皇《ほうおう》山脈が一望できる。見事な枝ぶりで知られる八方《はっぽう》ブナは、愛媛側に少し下った場所にある。存分に写真を撮ったら、木の下で休憩しよう。

下山は往路を引き返す。

30 天然桧と白骨林、シャクナゲが美しい山

白髪山（本山）

しらがやま
1469m

日帰り

歩行時間＝4時間
歩行距離＝7・5㎞

技術度 2
体力度 1

コース定数	＝17
標高差	＝437m
累積標高差	↗658m ↘658m

↑奥工石山からの白髪山は双耳峰のような山容が見られる

←八反奈呂には樹齢5百年ほどの桧の大木が数多くある

白髪山は本山《もとやま》町の北に大きな嶺を見せる山で、山頂には白骨林がある。その山頂や天狗《てんぐ》岩からの風景は、自然がつくり出した絶景だ。

5月下旬から6月上旬のシャクナゲが咲く頃には、多くの登山者でにぎわう。白髪山南斜面の八反奈《はったんな》呂《ろ》には桧の巨木が点在し、その根がたこ足状に広がった「根下《ねさ》がり桧」が見られる。ここの桧は、2016年に高知県の天然記念物に指定されている。

登山道はいくつかあるが、ここではマイカーを利用して、東面の行川《なめかわ》林道から最短コースで山頂を踏み、八反奈呂を周回するコースを紹介しよう。

登山口に「約60分で山頂」との案内があるが、山頂付近は岩や木の根が多く、とくにぬれている時はスリップしやすい。余裕をもって、1時間半弱はみておこう。

歩きはじめは少し歩きづらい木段道だが、すぐに尾根上の登山道に変わる。登山道は整備され明瞭だ。

登山口から40分ほどで左手に廃屋があり、このあたりからシャクナゲの木が多くなる。登山道は石と木の根に変わり、足もとに注意して歩くと、正面に大きな岩が現れる。岩を右に巻き、少し歩くと天狗岩に着く。岩の裏側に道があり、左に巻くと展望のよい岩の上に立てる。

天狗岩をすぎると**白髪山**の山頂

■鉄道・バス
登山に適した公共交通機関はない。

■マイカー
高知道大豊ICから国道439号を本山方面に進み、上関、下関方面へ本山東大橋を右折。すぐの県道262号も右折、その先の行川に架かる橋を左に折れそのまま進む。白髪温泉跡をすぎ、行川林道に入り約7㌔進むとゲートがあり、ここが登山口。ゲートから200㍍下った場所に広い駐車スペースがある。白髪温泉跡から林道はダートになるため注意。

■登山適期
アケボノツツジは4月下旬、シャクナゲは5月中旬。山頂周辺はシャクナゲの群生がみられる。紅葉は10月下旬。

■アドバイス

CHECK POINT

林道にゲートがあり、右側が登山口。駐車スペースは200メートルほど下にある

天狗岩。岩の上は展望がよく、周囲の白骨林もよく見える

山頂から冬の瀬登山口側へ10分ほど下ると、八反奈呂の標識がある

稜線を下っていくと、八反奈呂分岐標識がある

三角点に着き、少し行くと広い岩場に山頂標識があるので、休憩しよう。この岩場は天狗岩同様に周囲の白骨林や、天気がよければ石《いし》鎚《づち》山系や剣《つるぎ》山系が眺められる。

山頂をあとに西の冬《ふゆ》の瀬《せ》登山口方面へ10分ほど下ると、**分岐**に出る。道標にしたがい左へとり、やぶに入らないよう岩場を歩く。40分ほどの下りで**八反奈呂分岐**へ。

八反奈呂分岐から右手の八反奈呂へ。やや不明瞭な道だが、テープを追って進むと4本の大きな桧がある**四天王桧**《してんのう》に出る。ここから明瞭な遊歩道を一周し、**八反奈呂分岐**に引き返す。

分岐を右にとり、稜線を20メートルほどで行川林道分岐があり、左折して**林道終点**へと下る。林道を30分歩くと、**登山口**に戻り着く。

▽コース中に水場はない。
▽北面の汗見川コース（冬の瀬登山口から）は、道標も整備されているだけに、よく利用されている。徒渉もある変化に富んだコースで、途中大きな桧や風倒木が見られる。
▽竜王越から稜線を登るコースはあまり利用者がいない。
▽南面からの正面ルート（帰全山公園から）は4時間30分ほどかかることから、ほとんど歩かれていない。
▽山頂周辺は鉄分を多く含んだ橄欖岩（蛇紋岩）があり、磁石（コンパス）が使えないといわれている。
▽道中の行川林道にある樽の滝は、春の新緑、秋の紅葉がきれいな場所。トイレもある。
▽本山町の帰全山公園はシャクナゲ、ツツジが有名。見ごろは4月下旬～5月上旬。
▽汗見川の奥白髪林道入口には、汗見川ふれあいの郷清流館（☎0887・82・1231）があり、キャンプもできる。

■問合せ先
本山町役場☎0887・76・2111、嶺北森林管理署☎0887・76・2110、白髪山ふれあいの村休養センター（管理・川原さん）☎0887・82・1588

■2万5000分ノ1地形図
佐々連尾山・本山

31

鎌滝山

「四国の水がめ」を見下ろす信仰の山

日帰り

かまたきやま
1116m

歩行時間＝3時間30分
歩行距離＝5・1km

技術度
体力度

コース定数＝**14**
標高差＝499m
累積標高差 593m 593m

↑四国最大の貯水量を誇る早明浦ダム湖に映る鎌滝山。中腹に登山口のある大淵集落が見える

←石積みに蔵王権現の石像が置かれている鎌滝山の山頂。かつてここは女人禁制だった

鎌滝山は土佐《とさ》町の北東に位置し、四国の水がめ・早明浦《さめうら》ダムの北側にそびえ、急峻な山容を見せている。小粒ながらも、充実した山行を楽しめる山だ。

かつては女人禁制で山頂に通夜《つや》堂《どう》があり、クサリ場をもつ石鎚《いしづち》信仰としても知られている。かつては一《いち》の鎖《くさり》と二《に》の鎖、三《さん》の鎖があったが、現在は三の鎖だけが残っている。

林道終点の**大淵《おおぶち》登山口**からビニールハウス群の間を左に抜け、作業道に出る。15分くらいで峠に着き、左の作業道へ。ここはススキを刈り取る秋までは、草深い道になっている。

しばらく行くと標識があり、標識を背に植林の中を登る。すぐ上段の作業道をまたぐと、**上の登山**

■鉄道・バス
登山に適した公共交通機関はない。
■マイカー
高知道大豊ICを左折、国道439号を土佐町田井へ。末広ショッピングセンター前を右折し、早明浦ダム堰堤まで上るとダム右手前方に鎌滝山が見える。堰堤を渡り左折、駐車場をすぎてすぐのカーブを右へ（案内あり）。林道大淵線を直進し、終点が大淵登山口。駐車スペースはあるが、旋回のじゃまにならないように停める。高知市から約1時間30分。
■登山適期
通年。シャクナゲは5月中旬。
■アドバイス
▽尾根分岐～窓ヶ岩間はやせ尾根の急斜面。とくに下山の際はスリップに要注意。
▽本山町中心部にある「本山さくら市」（☎0887・76・2252）は、嶺北地域の野菜や果物、土佐あかうしなどの特産品がそろう直売所。アクセス路となる国道439号沿いなので、帰りに立ち寄ってみよう。
■問合せ先
土佐町役場☎0887・82・0480、嶺北ハイヤー☎0887・82・0468、川田ハイヤー☎0887・82・0035（ともに土佐町田井）
■2万5000分ノ1地形図
本山

↑春にはシャクナゲが目を楽しませてくれる

←鎌滝山山頂から早明浦ダム湖を一望する

口に出る。ここから左上の急斜面に取り付き、辛抱強く登っていくと**尾根**に出る。尾根には鉄塔の残骸（基礎部分）があり、往時の姿を残している（帰路にこの尾根を下山する場合、すぐ先の下降の分岐点を見落とさないこと）。

ここからはシャクナゲや大岩の尾根歩き。やがて急傾斜のやせ尾根を登って大きな岩の間をすり抜けると、右側に**窓ヶ岩**《まど》とよばれる大岩がある。ここで眼下にダム湖や周囲の山並みを眺めながら、ひと休みしていこう。

小さなアップダウンのある尾根道にはシャクナゲが群生し、春には目を楽しませてくれる。樹間から右手に断崖が見えるあたりからは、木の根がむき出した急登となる。足もとに注意しながら登り、稜線に出て右に進むと、**鎌滝山**の山頂にたどり着く。

あまり広くない頂の石積みの上には、蔵王権現《ざおうごんげん》の石像が置かれている。大きなクサリも残っており、往古の祀りがしのばれる。展望は南が開け、奥工石山《おくくいしやま》や国見山《くにみやま》、梶《かじ》ケ森《がもり》、白髪山《しらがやま》等の稜線が遠望できる。早明浦ダム湖、寺家《じけ》や田井《たい》の集落、遠くに点在する民家がまるで箱庭のようだ。

時間があれば、10分ほど北東に下ると見晴《みは》らしの窓とよばれる岩があり、山頂とは違う景色が広がっている。

下山は往路を引き返す。

CHECK POINT

1 大渕集落最奥の登山口。ビニールハウスの間を通る

2 作業道脇の上の登山口。左上の登山道に入る

3 岩と岩の間の急登をすぎると窓ヶ岩がある

4 山頂の先には見晴らしの窓とよばれる岩がある

32

眼下に仁淀川を望む手強い里山

鷹羽ヶ森

たかばがもり
919m

日帰り

歩行時間＝5時間10分
歩行距離＝8.0㎞

技術度

体力度

コース定数	＝22
標高差	＝893m
累積標高差	989m / 989m

↑道の駅土佐和紙工芸村手前の仁淀川からの鷹羽ヶ森の雄姿

↑見晴らし岩からの眺め。蛇行する仁淀川は遠く太平洋へ流れていく

いの町中心部から国道194号を西条《さいじょう》方面へ入り、道の駅土佐《とさ》和紙工芸村あたりから北の山を見上げると、ひと際高い山がある。これが鷹羽ヶ森だ。**北谷《きただに》登山口**から側溝沿いの道に入り、民家の奥から山に入る。すぐに右手にあるお堂「若宮様《わかみや》」で安全祈願をすませて登りはじめる。

雑木林の中、谷沿いにつづら折りの急斜面が続く。ひたすら登っていくと、小さな沢に出る。杉や桧の植林を登りきると、支尾根に取り付く。右にある大きなヤマモモの木の下でしばし休憩しよう。

その後もつづら折りの急登がしばらく続く。春にはツツジやヤマザクラの花が咲き、なごませてくれる。やがて傾斜がゆるんでくると、弘瀬《ひろせ》からのしっかりとした尾根道に出合う（**弘瀬分岐**）。

落葉樹の落ち葉でふかふかした登山道を道なりに15分ほど進むと、大岩がある北谷三角点尾根コースと産屋《さんや》谷コースの**標識がある分岐**に出る。ここでは北谷三角点のある尾根コースを登りとし、産屋谷コースは下山時に利用する。

■**鉄道・バス**
往路・復路＝JR土讃線・とさでん交通伊野駅から県交北部交通バスで勝賀瀬へ。北谷登山口へ徒歩5分。

■**マイカー**
いの町中心部から仁淀川橋手前を国道194号を西条方面へ。約10分で道の駅土佐和紙工芸村があり、さらに1キロ先の勝賀瀬橋を渡ってすぐに右折。県道292号を200メートル進むと、勝賀瀬地区の北谷集落に着く。登山口に10台ほど駐車可。

■**登山適期**
通年登れるが、晩秋から春の新緑の季節がおすすめ。積雪時でも登ることができ、天気がよければ頂から白銀の峰が連なる絶景が堪能できる。

■**アドバイス**
▽登山口は北谷登山口の先にある弘瀬地区にもあるが、こちらはルートがやや難解なので、しっかりとした標識のある北谷登山口から登りたい。
▽トイレは、道の駅土佐和紙工芸村を利用する。
▽2017年、下山時にハイカーが産屋谷に入りこみ、無理に下ったため滑落する死亡事故が発生した。産屋谷には大滝があり、下ると非常に危険である。登山道を外した場合は無理に下らず、登り返してルートがはっきりするところまで戻ること。
▽道の駅土佐和紙工芸の「くらうど」には産直販売やレストラン、宿泊施

分岐から急な尾根道を登る。やがて岩場を右に巻くが、アカマツの大木の枝の間から蛇行する仁淀《によど》川が一望できるので、ぜひ眺めてほしい。その先が**北谷三角点**だ。その後は林道（作業道）と数回重なり道迷いしやすいので、標識を頼りに進もう。登りつめると**鷹羽ヶ森**の山頂だ。広くはないが、祠と2等三角点がある。東、西、北面が開け、北方は石鎚《いしづち》山系の山々、正面には寒風山《かんぷうざん》、東方にはるか剣《つるぎ》山系までの峰々が重なる。

帰りは東へ続くやせ尾根を下り作業道から鞍部《あんぶ》へ。ここが産屋谷への下降点。標識を確かめてから、**見晴《みは》らし岩**に寄っていこう。

岩上からの仁淀川の展望を楽しんだら、もとの鞍部まで戻る。下りはじめると再び林道に出るが、これを横切って山道に入り、産屋谷へと急坂を下りていく。50分ほどで、**分岐標識**のある大岩に戻ってくる。**弘瀬分岐**をへて、往路をゆっくり**北谷登山口**へと戻る。

雪を被った山頂からの大展望

設、SPA（薬湯）などがある。

■問合せ先

いの町役場☎088・893・1115、県交北部交通（バス）☎088・850・6302

■2万5000分ノ1地形図

思地

CHECK POINT

1 北谷登山口。ここから北の民家奥へ5分ほど歩くと登山道に入る

2 弘瀬分岐。尾根道にあるこの分岐は、弘瀬登山口からの合流地点

3 尾根コースの北谷三角点と産屋谷コースへの分岐点にある標識

4 作業道三叉路。道迷いしやすい林道歩き。標識を確認しながら進む

5 山頂から下った鞍部にある、見晴らし岩へと産屋谷への分岐点

6 道迷いポイントの産屋谷徒渉点。谷を下らないように注意する

高知市仁井田地区から浦戸湾を隔て南嶺を望む

33

南嶺

太平洋と地球の丸さを実感する里山ハイク

日帰り

なんれい
359m（烏帽子山）

歩行時間＝3時間45分
歩行距離＝7・2km

技術度 1/5
体力度 1/5

コース定数＝15	
標高差＝356m	
累積標高差	↗590m ↘589m

南嶺は高知市街の南側に位置する里山の総称で、東端の浦戸《うらど》湾に面する孕《はらみ》地区の大海津見《わだつみ》神社から西へと連なる一群の山並みを指す。鷲尾《わしお》山県立自然公園に指定され安心して楽しめるハイキングゾーンとなっており、たくさんのコースがある。

ここでは、最もポピュラーで登りがいのある筆山《ひつざん》登山口を起点に南嶺最高点の烏帽子山《えぼしやま》に立ち、和《わ》霊《れい》神社に下るコースを紹介する。

電話ボックスの横の**筆山登山口**から石段の道を登ると、一本道となる。一度**車道**に出て自然公園の案内板横を墓地の道に入り、分岐を右に登ると**皿ケ峰**《さらがみね》。この山は高《たか》見山《みやま》ともよばれ、全体にチガヤに覆われた墓地山である。晩秋から初冬のススキがみごとである。

■鉄道・バス
往路＝JR土讃線高知駅から徒歩30分で筆山登山口に着く。とさでん交通の路面電車や路線バスも利用できる。
復路＝土佐ぽかぽか温泉から徒歩5分の神田本村から、とさでん交通バスで高知駅へ。

■マイカー
筆山登山口から車道を上った筆山公園のトイレ横や、山頂に駐車場があるが、墓参り客などで混雑する。

■登山適期
一年中楽しめる。ヤマザクラは3月、山栗は10月 元旦のご来光も人気。

■アドバイス
▽筆山登山口からはクスノキ、スダジイ、ヤマモモなどの大木の茂る森や、山内家ゆかりの墓所を見ることができる。
▽トイレは、筆山公園とおおなろ園にある。
▽登山道は紹介したコース以外にもたくさんあり、体力に応じたコースを選べる（各コースの歩行時間は94ページの地図を参照のこと）。
▽孕登山口から尾根をたどり、宇津野山を経て縦走することもできる。
▽鷲尾山は展望がよく、戦国時代には山城が、第二次大戦時には対空監視所が置かれていた。
▽毎年12月の第1日曜日に、高知県勤労者山岳連盟が「南嶺クリーンハ

CHECK POINT

筆山登山口。石段を上がって筆山公園下の駐車場を目指す。写真の右手に筆山公園への車道がある

▼

筆山公園への車道にある皿ヶ峰登山口。ここから墓地に入って皿ヶ峰へ向かう

▼

開けた皿ヶ峰の山頂。大きなアンテナが建っている

▼

ベンチが設置された鷲尾山の山頂。西の方向に次に向かう烏帽子山が見えている

▼

坂本龍馬ゆかりの和霊神社。ここまで来たらゴールは近い

＊コース図は94㌻を参照。

←太平洋を望む鷲尾山山頂。穴は対空監視所跡

1等三角点や石土神社がある烏帽子山山頂

南に下って高見分岐を右にとり、さらに鉄塔への分岐を見送る。周囲はコナラを中心とした雑木林となっている。竹やぶの道をへて、土佐塾《とさじゅく》中・高校の学生寮の下を迂回して調整池に出る。少し下った吉野《よしの》・深谷《ふかだに》分岐で小休止しよう。

南へ向かうと分岐があり、右にとって（左にとっても先で合流する）急斜面を登っていく。アオキの群落をすぎると**稜線**に出る。右に向かうと**鷲尾山**の山頂だ。山頂からの眺望はよく、浦戸湾から太《たい》平洋《へいよう》に広がる風景はすばらしい。

鷲尾山をあとに西に下るが、烏帽子山までの道はすべりやすいので、足もとに注意しよう。途中には展望所や休憩地もある。

登り着いた**烏帽子山**山頂には、1等三角点や石土《いしづち》神社、西隣にテレビ高知のアンテナ塔がある。

下りは神社の右を抜け、車道の脇から植林沿いの山道を下っておなろ園へ。そのまま北に下るが、少々荒れた箇所がある。

谷筋を下りきった分岐で右に、続いて次の分岐を左に下ると、**和霊神社**に着く。鳥居を左にとり北向きに行けば、**土佐ぽかぽか温泉**にいたる。

イク」を実施している。

▽和霊神社は、坂本家の私設の神社。脱藩の成功を祈願した坂本龍馬はそのまま高知城下を出奔。龍馬28歳の春だった。

■問合せ先

高知市観光協会☎088・823・4016、とさでん交通☎088・833・7121

■2万5000分ノ1地形図

高知

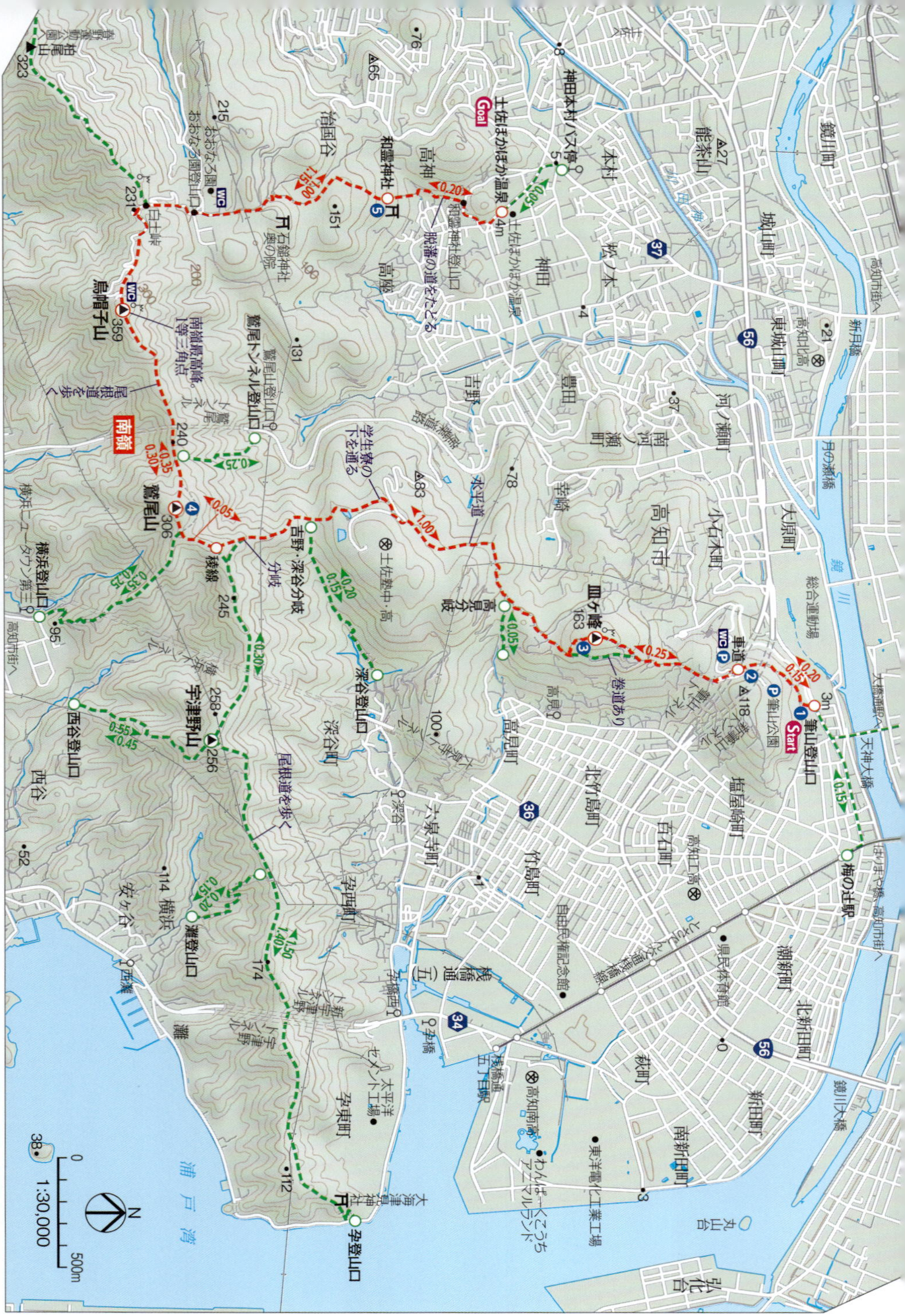
Start
Goal
筆山登山口
車道
皿ヶ峰
高見分岐
吉野・深谷分岐
鷲尾山
南嶺
鷲尾トンネル登山口
烏帽子山
和霊神社
土佐ほかほか温泉
神田本村バス停
横浜登山口
西谷登山口
宇津野山
深谷登山口
灘登山口
孕登山口
梅の辻駅
高知市
浦戸湾
1:30,000

三辻山からの工石山（右奥）。双耳峰のように見える

3

高知県民に親しまれる自然と廃墟の残る山

工石山

くいしやま
1177m

日帰り

歩行時間＝4時間20分
歩行距離＝8.6km

技術度

体力度

コース定数	＝**19**
標高差	＝352m
累積標高差	795m（登り） 795m（下り）

工石山は「高知県民の森」として知られ、市町村合併で高知市北端となった高知市土佐《とさ》山《やま》地区と、長岡《ながおか》郡土佐町との境に位置する。高知市方面からは特徴ある山容で容易に識別でき、それだけに高知県民にとても親しまれている山である。

ともすれば初心者向きの山であるが、北東の三辻山《みつじやま》との組み合わせや、西へ延びる尾根をつつじが森《もり》へ縦走するなどバリエーションを持たせると変化のある山歩きが楽しめ、侮れない山でもある。

ここでは、高知市工石山青少年の家登山口から工石山と三辻山を周回するルートを紹介する。

青少年の家の奥の林道を少し西進すると、駐車スペースが見えてくる。台数にはかなり余裕がある。車を置いたら右手に鋭角に折れて、未舗装の車道に入る。ほどなくチェーンのかかったゲートがあり、左に鋭角に曲がり山道に入る。30分ほどの登りで**杖塚《つえづか》**に着く。

ここから南回りコースに入る。しばらく高低差のない水平道が続く。桧屏風《ひのきびょうぶ》岩をすぎて沢音が聞こえるようになり、わずかに下ると**賽《さい》の河原《かわら》**だ。季節によってはサンショウウオを見ることもできる。

徒渉してシャクナゲ尾根に取り付くと、30分で**工石山**山頂に登り着く。5月頃なら、みごとなシャクナゲの大輪に出会える。山頂からの展望はよくないが、木製の展望台に上がれば、天候次第では高知市街や太平洋が見渡せるはずだ。

山頂をあとに、双耳状のピーク（北の頂）に進む。実際は、このピークの方が工石山よりわずかだが標高が高い。

北の頂からは北回りコースをたどり下るが、下り口がわかりづらいので、地形図をしっかりチェックしよう。

北回りコースの白鷲岩からの展望

＊コース図は97㌻を参照。

CHECK POINT

1 工石山青少年の家周辺に駐車する

2 駐車場の先で、右の未舗装路へと入っていく

3 登山道の入口。工石山へは案内にしたがい左に進む

4 杖塚。南回りコースと北回りコースが分かれる場所だ

5 水が流れる賽の河原。あずまやが建つ休憩ポイント

6 ドロマイト鉱山の廃墟が残る赤良木峠

7 軍艦岩からの絶景（東方向を望む）

8 3等三角点と山頂表示板が立つ三辻山山頂。気持ちのよいピークだ

特徴のある軍艦岩

工石山の山頂には木製展望台がある

杖塚まで戻ったら、左手のトラバース道に入る。廃墟と化したドロマイト鉱山跡の赤良木《あからぎ》峠をやりすごし、車道に出ると三辻山登山口の看板がある。再び山道に入ると左上に三辻山への直登ルートが分かれるがそのまま直進し、トラバース道を行く。

軍艦岩の下を通過し、樫山《かしやま》峠へといたる稜線に出たら、左にとる。そのまま稜線を北西へ30分ほどたどるとあずまやがあり、ほどなく**三辻山**の山頂に着く。コンパクトな庭園のような、気持ちのよいピークである。

下山はあずまやまで戻り、直登ルートを下っていく。30分ほどで三辻山登山口に出て、車道を下ると**青少年の家**が見えてくる。

■鉄道・バス
登山に適した公共交通機関はない。

■マイカー
高知市内中心部から1時間ほど県道16号を北上、旧土佐山村役場前を通過し、さらに道なりに標高を上げていくと赤良木隧道の手前が工石山青少年の家だ。香川・愛媛・徳島県方面からは高知道大豊ICから国道439号を土佐町経由で入り、赤良木隧道を高知市方面に抜けると工石山青少年の家に出る。

■登山時期
年中楽しめるが、まれに1、2月頃に大量の降雪があり、車が青少年の家まで行けないこともある。

■アドバイス
▽本山町の工石山（82ジ）と区別するため、前工石（高知市）、奥工石（本山町）とよぶこともある。
▽紹介コースの北回りコースのトド

岩や白鷺岩からの土佐町方面の眺望は、ガスがなければすばらしい。

▽三辻山に足を延ばしたら、特徴ある岩峰の軍艦岩に行きたい。迫力満点の絶景を楽しめる。ただし初心者には場所がわかりづらいので、経験者同行のこと。岩場から転落すれば命はないので要注意。岩場は下部からも直登できるが、短いながらもⅢ級の岩登りになるので、クライミング経験者の引率以外は不可。

軍艦岩の岩場。慎重に行動すること

▽工石山からつつじが森方面への縦走は距離が長く、踏跡も不明瞭なので上級者向き。挑戦する場合はしっかり準備を。

▽工石山のピークハントであれば、山頂から南東に延びる尾根道を直登する妙体岩からのコースが最短で、30分で登ることができる。

■問合せ先

高知市役所土佐山庁舎☎088・895・2311、高知市工石山青少年の家☎088・895・2016

■2万5000分ノ1地形図

田井・土佐山

高知市五台山から望む国見山。ピラミダルな山容が美しい

35 国見山〈雪光山〉

気軽に楽しめ少し手強い高知市水源の山

日帰り

歩行時間＝3時間5分
歩行距離＝4・0km

くにみやま〈せっこうさん〉
926m

技術度 1/5
体力度 1/5

コース定数＝13
標高差＝614m
累積標高差 ↗616m ↘616m

国見山は高知市中心部から距離も近く、気軽に登山が楽しめる山で、積雪で白く輝くことがあるので「雪光山」ともよばれる。山頂には2等三角点とともに国見権現《ごんげん》、大国主命《おおくにぬしのみこと》、妙見菩薩《みょうけんぼさつ》の3神が祀られている。古くから霊峰として崇められ、現在も3月と11月には山頂で吉原《よしはら》地区の人々により祭事が行われる。明治〜大正時代には祭りになると、麓の地区に多くの露店が出てにぎわったという。高知市ホームページでは雪光山として紹介され、「市民の森」に選定されている。

高知市中心部からは鏡《かがみ》川に沿って、県道6号経由で県道33号に進む。ヘアピンカーブの「横矢《よこや》ホヲシガエリ」の標識がある分岐で「平家《へいけ》ノ滝」方面に進路をとり、約3キロ進む。柿《かき》ノ又《また》地区入口に架かる橋を渡り、右折したところが**柿ノ又登山口**。登山口を含め、これから先にトイレはない。

登山口から**敷《しき》ノ山《やま》分岐**までは踏跡が薄く、テープ等の目印も少ないため、道迷いに要注意。敷ノ山分岐より先は踏跡もしっかりしており、道迷いの心配は少ない。

途中、右手から手水《ちょうず》からのコースが合流し（**手水分岐**）、さらに登

■鉄道・バス
登山に適した公共交通機関はない。
■マイカー
高知市中心部から県道6号を鏡川に沿って北上、高知市鏡柿ノ又地区を目指す。地区入口に架かる橋を渡り右折したところが柿ノ又登山口。ただし付近の道幅は狭く駐車できないので、橋を直進して約200メートル先の道幅が広いところに駐車する。
■登山適期
山頂付近のアケボノツツジは4月中旬、敷ノ山のヤマブキは4月下旬。
■アドバイス
▽マイカー登山が一般的だが、公共交通機関を利用の場合は、高知市街から県交北部交通バス川口行きに乗り、終点でタクシーに乗り継ぐ。川口から柿ノ又登山口まで約7キロ。
▽帰路の小浜地区にある「鏡文化ステーションRIO」（☎088・896・2345）内には、立ち寄り温泉のかがみ温泉RIOやレストランなどがある。レストランでは鏡川でとれたツガニを食べたい。
■問合せ先
高知市役所鏡庁舎☎088・896・2001、県交北部交通（バス）☎088・850・6302、川口ハイヤー☎088・896・2433
■2万5000分ノ1地形図
川口

って**稜線分岐**へ、東に方向を変えると**国見山**の山頂だ。山頂からは南側に高知の市街地、南嶺《なんれい》の山並み、そしてその先の太平洋《たいへいよう》が一望できる。山頂北側は樹木でさえぎられているが、東端を少し下りた岩の上に立つと、四国山脈のすばらしい景観が飛びこんでくる。地図を広げての山座同定も楽しい。

下山は往路を戻る。なお、国見山登山には紹介する柿ノ又登山口からのほか、東側の手水登山口からの道もある。こちらからの歩行時間の目安は登り1時間30分、下り1時間。いずれの登山口を選択しても、登山口から山頂までほぼ登りが連続する、思いのほか手強い山だ。

国見権現、大国主命、妙見菩薩が祀られている山頂

CHECK POINT

1 柿ノ又登山口。登山口には駐車スペースがなく、柿ノ又集落内にある駐車スペースに車を置き、10分歩く

2 手水分岐の三差路。下山時は「平家の滝」方向へ進む。東の手水登山口からの道はここまで急登が続く

3 山頂の西直下にある稜線分岐。案内板を見て稜線を右手にとる。山頂へは10分ほどの登り

4 山頂の東端から少し降り、岩の上に立つと山頂では望めなかった北側の眺望が開け、四国山地の景観が飛び込んでくる

36 土佐和紙発祥の地から太平洋を望む
仏ヶ峠・高峰ノ森

ほとけがとうげ　約415m
たかねのもり　580m

日帰り

歩行時間＝4時間10分
歩行距離＝9・6km

技術度
体力度

コース定数＝20
標高差＝561m
累積標高差　869m　869m

仁淀川対岸から望む仏ヶ峠〜高峰ノ森の稜線

旧伊野《いの》町（現在の、いの町伊野地区）は土佐《とさ》和紙の町として知られるが、街の背後にある仏ヶ峠には、土佐和紙発祥にまつわる哀話が伝わる。その仏ヶ峠から東の稜線づたいにあるのが、高峰ノ森だ。

登山口は、仁淀《によど》川橋から国道194号に少し入った**谷《たに》集落**になる。JR・とさでん交通路面電車の伊野駅からは徒歩で、車の場合は仁淀川橋を右岸側に渡った仁淀川橋下の駐車場に置くとよい。

仏ヶ峠にある新之丞記念碑

商店横の「成山《なるやま》和紙の里公園」の小さな看板を目印に右に入り、道なりに進む。高宮《たかみや》神社をすぎ、ふたつ目の小さな橋のたもとの「仏ヶ峠」の道標にしたがい民家の脇を抜け、登山道に取り付く。

30分ほどで竹林を抜け雑木林の尾根道となる。その後、登山道が未舗装の林道にさえぎられるが、「うばが森《もり》」の道標にしたがい**うばが森高森《たかもり》展望所**に足を延ばす。展望所からは伊野の街並みの向こうに、仁淀川河口と太平洋を望むことができる。

林道に戻って5分ほど歩き、再び尾根道に入り、樹林を進むと公園として整備された**仏ヶ峠**に着く。トイレがあり、車道も延びており駐車場もある。ここに「土佐和紙の紙祖」といわれる新之丞《しんのじょう》記念碑がある。

■鉄道・バス
往路・復路＝JR土讃線・とさでん交通（路面電車）の伊野駅から登山口へ徒歩30分。

■マイカー
高知市街から約30分。国道33号沿いの椙本神社をすぎて仁淀川橋を右岸側に渡り、橋の下の河川敷駐車場を利用する。徒歩10分で谷集落側に渡る。

■登山適期
通年。春はツツジが見られる。

■アドバイス
▽夏場は、集落近くの登りはじめは草が生い茂っている。
▽集落に下りたあとは、チェックポイント②の下のひとつ目の橋のたもとにある「加茂山登山口」の標示を目印に加茂山に登るのもよい。
▽仁淀川橋西詰には「かんぽの宿伊野」（☎088・892・1580）があり、立ち寄り入浴もできる。小高い丘の上にあり、本文で紹介したルートが遠望できる。

小さなお堂を右手に樹林に囲まれた登山道に入り、高峰ノ森を目指す。頭上には送電線が見え、四国電力の鉄塔巡視路でもある登山道を進む。途中尾根づたいに進んでしまいがちな地点があるが、巡視路の表示にしたがうこと。

一時は尾根を外し、再び尾根筋を進むと、雑木に囲まれまったく展望のない**高峰ノ森**の山頂に着く。『分県登山ガイド高知県の山』旧版で紹介されていた峰槇《みねまき》集落から続く登山道は集落が無人となり、道の状態はよくないと聞く。

高峰ノ森からは来た道を引き返すが、帰路は**仏ヶ峠**から車道を下ってもよい。登山道に取り付いた橋まで1時間強。

CHECK POINT

1 国道194号の商店横に仏ヶ峠への入口がある

2 集落を抜けた小橋が登山道への取り付きとなる

3 林道上のうばが森高森展望所と仏ヶ峠への分岐

4 峠のお堂脇に、高峰ノ森への登山道の入口がある

5 注意！ここで直角に折れる。鉄塔No.18の標識あり

6 山名板と2等三角点があるだけの高峰ノ森山頂

うばが森高森展望所からの眺望

▽仁淀川橋の下では、川に不織布の鯉のぼりを流すイベントが5月連休に開催される。

▽近くには紙の博物館（☎088・893・0886）があり、和紙に触れるイベントも楽しめる。

■**問合せ先**

いの町役場☎088・893・1111、いの町観光協会☎088・893・1211、とさでん交通（路面電車）☎088・833・7121、県交北部交通（バス）☎088・850・6302

■**2万5000分ノ1地形図**

伊野

37 清滝山

三十五番札所・清滝寺のミニ八十八ヶ所めぐり

きよたきやま
378m

日帰り

歩行時間＝3時間10分
歩行距離＝5・6km

技術度

体力度

コース定数＝**11**

標高差＝253m

累積標高差 ↗311m ↘311m

南面からの清滝山（右・山腹は清滝寺）、左は石土ノ森

石仏47番から清滝山へ往復

清滝寺。左後方に登山口がある

清滝山は、四国八十八ヶ所・三十五番札所の清滝寺を抱える山で、山腹にはミニ四国八十八ヶ所めぐりが設けられている。山頂は東西に細長く、最高点がわかりづらい。

清滝寺の石の門柱を入ると1番の石仏（以下＊＊番と表記）がある。ここから先は石仏が「道標」となる。本堂の正面に16番と17番、左方向へ行き、18番を右に見て山道へ入る。すぐに舗装道へ出て、左手に21番、正面に22番、右へとり、閼伽《あか》井の泉が見える三叉路に出たら左へ行くと29番がある。

29番から舗装道を離れ、山道へ入る。やがて荒れた谷沿いの急坂となり、源流付近が40番。道は谷の源頭を巻いて東方向へ変わり、しばらくトラバース気味になる。

47番からわずかな踏跡を頼りに北へ直登すると10分ほどで稜線へ出るので、左の**清滝山**まで往復しよう。さらに稜線づたいに西南西にある石土《いしつち》ノ森《もり》（467メートル）まで足を延ばすのも一興である。

47番へ戻り、東へトラバースして61番へ（61番付近からも清滝山・石土ノ森への往復可）。61番をすぎて石土ノ森への登山道を横切ると、石垣のある**舗装道**に出る。

県警の注意書標を左に見て舗装道を数メートル進んで右に折れ、道なりに行く。67番あたりから文旦畑が多くなり、果樹園用のレールをまたぐと68番、すぐに70番の標識がある**広場**へ出る。

■鉄道・バス
往路・復路＝高知市街からとさでん交通バス高岡高校通下車。北進して土佐IC入口からひとつ西の信号で土佐市バイパスを渡り、道なりに進んで清滝寺へ（徒歩約1時間）。

■マイカー
高知市内からは国道56号を西へ、土佐IC入口の次の信号を右折する。3・5キロほど進んで高速道路のガード下へ駐車する（数台駐車可、清滝寺

その先も文旦畑の道だが、これが何とも厄介で、斜面につけられた道幅が極端に狭く、おまけに土がやわらかくて崩れやすい。畑の急斜面を転げることになりかねない。

畑地が終わり、舗装道になると**清滝寺**に戻る。最後の石仏3体は寺の敷地にある。

CHECK POINT

1 道の両端に立派な石柱が立つ清滝寺への入口

2 清滝寺から左へ、石仏18番から寺院の裏手を行く

3 石仏29番で舗装道を離れて山道へと入っていく

4 61番をすぎて下ると、石垣のある舗装道に出る。県警の注意書きが目印

5 広場に出ると、70番の標識が見える

6 5の先にある、文旦畑内の道の危険箇所。慎重に通過する

へ徒歩約30分）。清滝寺まで車で行くこともできるが、道幅が狭く四国巡礼の車の往来が多いので、おすすめできない。

■**登山適期**
通年登ることができる。3月中～下旬には、清滝寺境内で早咲きの桜を楽しめる。

■**アドバイス**
▽信仰と農閑期の楽しみを結びつけた先人たちの知恵か、ミニ四国八十八ヶ所は県内の各地にある。五台山、種間寺、三谷観音、鷲ノ山、清水、葉山などは低山歩きとしても楽しめる。四国を離れてもいろんな地にある。
▽清滝寺は行基の開山と伝えられている。閼伽井の泉は弘法大師の金剛杖で開かれたとか。
▽駐車するガード下の近くに、農産物を直販する「直販きよたき」がある。
▽石土ノ森の南面にはパラグライダーの基地があり、天候に恵まれた日には、山頂付近を周回しているのが見られる。

■**問合せ先**
土佐市役所☎088・852・1111、とさでん交通桟橋高知営業所（バス）☎0570・088・103

■**2万5000分ノ1地形図**
伊野

38 雨ヶ森

思いのほか厳しい登りが続く信仰の山

あめがもり 1390m

日帰り

歩行時間＝4時間30分
歩行距離＝4・4km

技術度

体力度

コース定数	＝20
標高差	＝879m
累積標高差	↗ 954m ↘ 954m

雑誌山登山口途中の水ノ峠から見るピラミダルな雨ヶ森

雨ヶ森山頂からの石鎚山系

アケボノツツジが咲く稜線

雨ヶ森は、地元の人々に信仰される山で、かつて山頂には岩伽羅《いわがら》神社があったが、今は麓に遷宮されている。山頂には神祀りの石積みが残っている。

複数の登山コースがあるが、ここでは変化のある、南面の岩柄《いわがら》集落から登るルートを紹介する。

登山口は岩柄集落の奥にあり、数台の駐車スペースがある。人家の横に小さな標識がある。集落をすぎ植林帯を10分登ると足山《たりやま》の滝への道標が現れる（**足山の滝分岐**）。足山の滝を見物しても、移動は往復10分ほどだ。

登山道に戻り、足を進めよう。水量の少ない小滝をすぎ、標高100メートルごとを示す標識や、木に吊り下げられた「登山道」の道標が山頂まで導いてくれる。

■鉄道・バス
登山に適した公共交通機関はない。

■マイカー
高知市から国道33号を松山方面へ。仁淀川町に入り、池川方面へ国道439号を右折。旧池川町の中心部をすぎ、用居集落・久万高原町方面に向かう国道494号に入り、10分ほどで土居川を左岸に渡って大西集落へ。すぐに岩柄集落への看板にしたがい橋の手前を右折し、狭くて急な道を15分ほど登ると岩柄集落に着く。登山口周辺に数台が駐車可能。

■登山適期
四季を通じて登山可能であるが、春のアケボノツツジや新緑の季節がベスト。夏場は登り一辺倒のため、体力に自信のある人向け。

■アドバイス
▽岩柄からの登山道は、整備されてから年数が経ち少し荒れた場所もある（とくに徒渉点では道を見失うことがあるので注意）。
▽樫山からの登山道は、安居渓谷の紅葉シーズンに人気がある。
▽北面の昇龍の滝横の登山道は、2019年1月現在使われていない。昇龍の滝から少し先に作業道を使用する登山道（樫山登山口）が整備されているが、植林帯と作業道歩きのため、面白さに欠ける。
▽椿山林道からは2箇所登山口があり、途中で合流する。起伏に富んだ

ロープが張られたザレ場を通過すると沢沿いの登山道となり、標高1000㍍の標識をすぎると急斜面が現れる。固定ロープにまどわされず、巻道を行くのがよい。

登りきると、みごとな**岩屋**が現れる。この岩屋は山頂の岩伽羅神社が一時遷宮されていた場所であり、小さな祠が祀られている。

岩屋の先で岩尾根に出るが、足場はしっかりしており、危なくはない。

岩尾根をすぎるとブナやカエデの天然林に変わり、春はアケボノツツジやブナの新緑が美しい。

ここまで登ると手箱山《てばこやま》や筒上《つつじょう》山《さん》を望むことができ、やっと雨ヶ森山頂も視界に入ってくる。

山頂直下の急登をあえぎながら登ると、石積みが残る3等三角点の**雨ヶ森**山頂に着く。

下山は、急斜面でのスリップに気をつけながら往路を戻る。

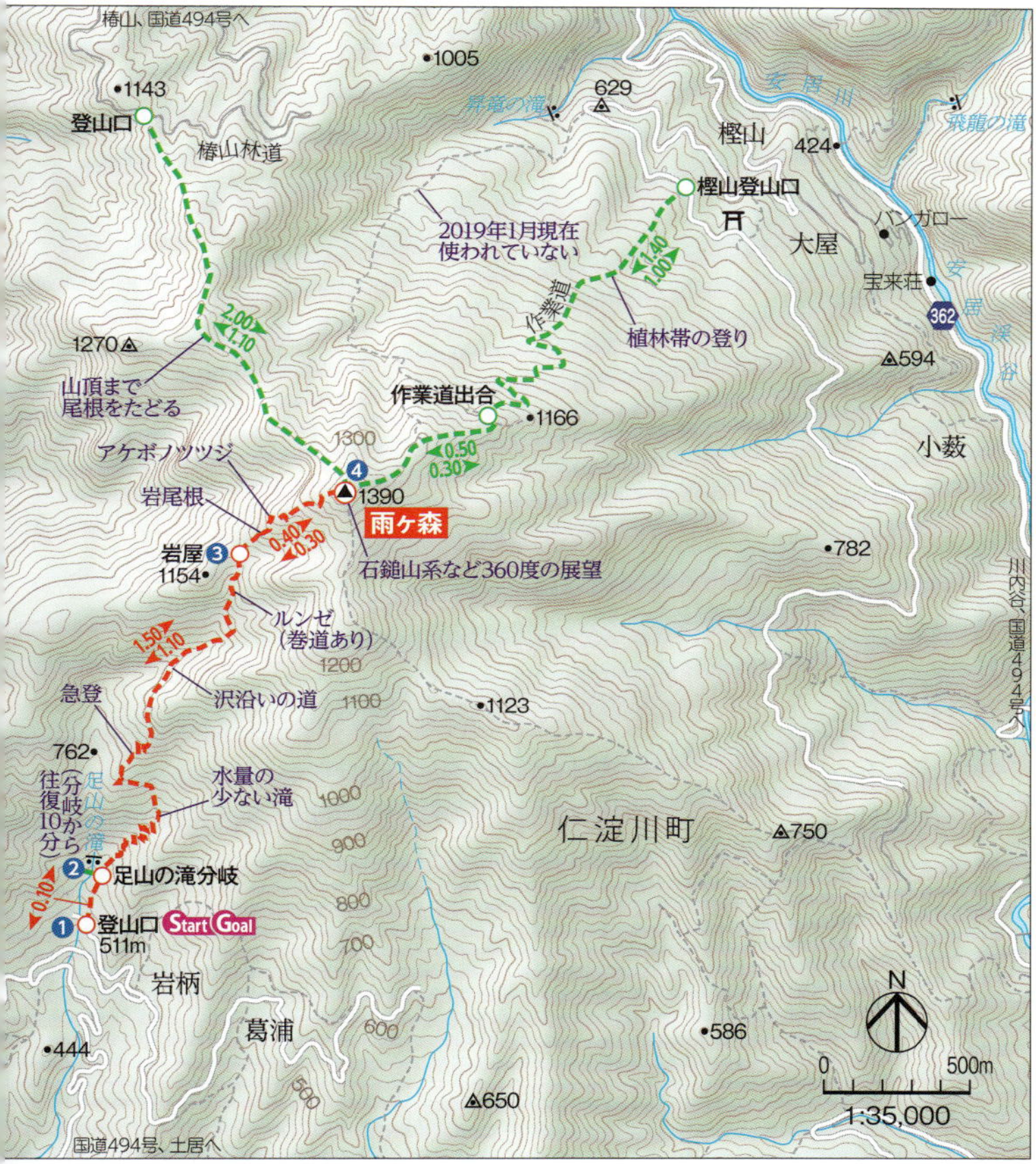

CHECK POINT

1 岩柄集落内の林道終点脇に雨ヶ森への登山口がある

2 足山の滝は分岐から5分ほど。登山道で明瞭な分岐はここだけ

3 小祠が祀られている岩屋。岩伽羅神社が一時遷宮された場所である

4 3等三角点がある雨ヶ森山頂。360度の展望が得られる

このコースは稜線からの眺望抜群だが、アプローチが長い。
▽安居渓谷の宝来荘（☎0889・34・3719）は、バンガローや和室の宿泊施設がある。
▽安居渓谷には多くの滝があり、近年「仁淀ブルー」が有名になり、人気スポットとなっている。

■問合せ先
仁淀川町池川総合支所☎0889・34・2111、池川交通ハイヤー☎0889・34・2450

■2万5000分ノ1地形図
上土居

39

五在所山

ございしょやま

976m

平家伝説が暮らしを見つめる山

日帰り

歩行時間＝2時間
歩行距離＝4・5km

技術度

体力度

コース定数＝9

標高差＝370m

累積標高差 525m 525m

横倉登山口への車道から見た五在所山

十田峠からの下りにある滝

高知市から国道33号を西へ。越《お》知《ち》町に入ると、頂に鉄塔のある黒《くろ》森山《もりやま》が正面に大きく見えてくる。五在所山は、その黒森山と仁淀《によど》川の東にある鷹羽《たかば》ヶ森《がもり》との中間に位置する。山頂には安徳《あんとく》天皇の皇妹が祀られた五在所神社があり、登山道はその参道である。広い参道はよく整備され、自然林の中をゆったり歩ける気持ちのいい山だ。

国道33号が越知橋を渡り、大きく右にカーブすると、左に横倉山《よこくらやま》、右に宮《みや》の前《まえ》公園への入口をみて、柳瀬《やなせ》方面に右折して仁淀川本流を渡り県道18号に入る。道なりに進み浅尾《あそう》トンネルを抜けると左前方に集落が見える。それが鎌井田《かまいだ》地区で、そこから町道に入る。町道の入口には「日《ひ》ノ浦《うら》あじさい街道・広望の里桑藪《くやぶ》」の大きな看板があり、それを目印にすればよい。上りつめたところが広場になっており、その奥が**桑藪登山口**だ。

登山口から5分も歩くと第一の鳥居、そこから40分ほどで第二の鳥居（**十田《とおだ》峠分岐**）、さらに10分ほど行くと第三の鳥居がある。途中で林道に二度出るが、横切って上を目指す。

■鉄道・バス

往路・復路＝JR土讃線佐川駅から黒岩観光バスで鎌井田まで行けるが（越知で乗り換え）、月・水・土曜の運行で1日3便。鎌井田～桑藪間はタクシー（要予約）を利用する。

■マイカー

国道33号から県道18号（伊野仁淀線）に入り、町道鎌井田桑藪線で登山口へ。国道194号のいの町出来地から県道18号に入ることもできる。町道終点広場は駐車禁止につき、手前の道沿いに駐車すること。高知駅から約1時間30分。高知道いのICからは約1時間10分。

■登山適期

春のアセビや初夏のドウダンツツジ、秋の黄・紅葉、冬は落ち葉を踏んでの散策と、四季を通じて楽しめる。

■アドバイス

▽三角点（938・9メートル）は山頂の西400メートルほどのところにある。

▽林道を車でつめれば10分で、登山口から歩いても1時間ほどで山頂に立てる山である。経験者なら、西に尾茂内山（993メートル）、さらに黒森山（1017メートル）まで足を延ばすのも面白い（やぶ漕ぎあり）。

▽五在所のひとつ・谷ノ内集落の有志によって登山道が整備され、ここから登ることもできる。

■問合せ先

越知町役場☎0889・26・1111

浅尾の沈下橋と鎌井田集落。ここから登山口に向かう

第三の鳥居をくぐって石段を上ると、立派な五在所神社本殿に着く。神社左手の「眺望所この奥」の案内にしたがい、裏手に回ると**五在所山**の山頂に着く。ここからは北側に展望が開け、平家平《へいけだいら》から石鎚山《いしづちさん》までが書かれた大きな山名板もある。

下りは**十田峠分岐**にある「帰りのコース」の表示にしたがい、十田峠に向かう。右に土俵跡を見て、小さなピークを越えると、あとは下るのみ。植林が見えてきたら**十田峠**が近い。

峠からは右折して桑藪へ。植林の中を下ると左に里山らしい風景が広がり、沢や滝があらわれる。10分ほどで町道に出て、町道を**桑藪登山口**まで歩く。

五在所山山頂の案内板

1、黒岩観光（バス）☎0889・22・9225、岡林ハイヤー（越知町）☎0889・26・0031

■2万5000分ノ1地形図　思地

CHECK POINT

1 桑藪登山口から「五在所山←」の標識にしたがい登りはじめる

2 雑木林のトンネル。20分ほどの急登ののち、青いベンチとともに迎えてくれる

3 3つ目の鳥居と五在所神社本殿。ここが見えてくれば山頂はあとひと息

4 山頂からの北面の石鎚山系。冬は雪を頂き、すばらしい眺めとなる

5 十田峠。ここから10分ほどはガレた急な下りとなる

6 町道にある下山口。登山口の200㍍ほど手前

40 牧野富太郎が通った伝説の山

横倉山《よこぐらやま》

775m（三角点）

日帰り

歩行時間＝2時間25分
歩行距離＝4・3km

技術度
体力度

コース定数	＝11
標高差	＝330m
累積標高差	↗ 435m ↘ 435m

登山口から見る兜嶽

越知《おち》町にある横倉山は日本有数の古い地層から成り立ち、佐川《さかわ》町出身の植物学者・牧野富太郎《まきのとみたろう》が多くの新種の植物を発見した山として知られる。また、安徳《あんとく》天皇にまつわる平家《へいけ》伝説が残る山でもある。

高知市内から国道33号を走ること約1時間強、織田《おだ》公園下の**第1駐車場**に車を置き、50メートルほど行った南《みなみ》遊歩道登り口から登る。尾根道を40分ほど登り、クサリ場を越えて**兜嶽**《かむとだき》へ。眼下には、蛇行する仁淀《によど》川が一望できる。

尾根道を夫婦《めおと》杉への分岐へ。横倉山の**三角点**（774・6メートル）までは

兜嶽から越知の街と仁淀川を見下ろす

アカガシの林である。三角点の広場は展望こそ悪いがベンチがあり、ひと休みできる。林の中なので、夏でも暑さを感じない。

西に延びる尾根道を登り返すと、標高約800メートルの横倉山最高点・安徳天皇を奉る**横倉宮**《ぐう》に着き、表参道からの道と合流する。南側には「馬鹿試し」《ばかだめし》とよばれる高さ80メートルの断崖があり、修験道の行場のひとつとなっている。

横倉宮から5分ほど西へ行くと安徳天皇陵墓参考地があり、さらに畝傍山《うねびやま》展望所まで行けば、太平洋《たいへいよう》を見ることもできる。

■鉄道・バス
往路・復路＝JR土讃線佐川駅から黒岩観光の路線バスが出ているが、国道33号沿いまで。宮の前公園で下車し、登山口まで1時間30分ほど歩くことになる。路線とダイヤは事前に調べておくこと。

■マイカー
高知市内から国道33号で越知町へ。街並みを抜けて越知橋を渡ると、200メートルほどで左に横倉山の標識が見える。それにしたがって左折し、高度を上げていくと織田公園の第1駐車場がある。高知市内から約1時間10分。さらに上部に第2・第3駐車場がある。

■登山適期
通年楽しめる。

■アドバイス
▽横倉山への林道入口付近には横倉山自然の森博物館（☎0889・26・1060）があり、横倉山の地質と化石、植物、歴史と文化に関する資料を展示している。

■問合せ先
越知町役場☎0889・26・1111、越知町観光協会☎0889・26・1004、黒岩観光（バス）☎0889・22・9225、岡林ハイヤー（越知町）☎0889・26・0031

■2万5000分ノ1地形図
大崎

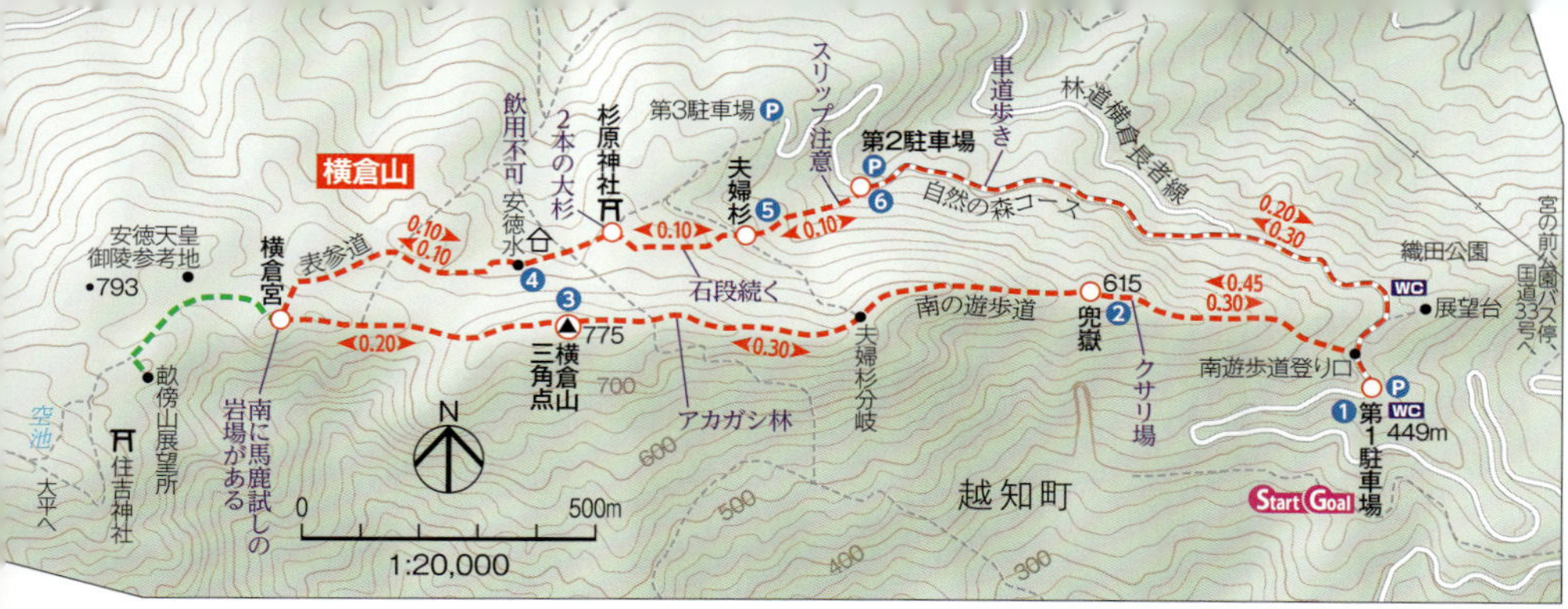

下山は横倉宮まで戻り、表参道を下る。10分ほどで「昭和の名水百選」の安徳水がある。**杉原神社**《すぎはら》まで進むと、樹齢６００年、樹高50メートルといわれる、みごとな2本の大杉に出会う。

表参道の石段を下って**夫婦杉**へ、さらに下ると**第2駐車場**に出るが、手前の舗装道が苔などですべりやすい。第2駐車場には横倉山県立自然公園の大きな案内板があり、逆コースをたどるのもよい。第2駐車場から織田公園**第1駐車場**へは、車道を20分下る。

杉原神社。2本の巨大杉に圧倒される

CHECK POINT

起点となる織田公園の第1駐車場

兜嶽へのクサリ場

横倉山三角点。ベンチで休憩していこう

無人の山小屋。奥に安徳水がある

石段下りの中間にある夫婦杉

鳥居をくぐると第2駐車場前の車道に出る

横倉山の最高点・横倉宮。1200（正治2）年に平知盛が安徳天皇を玉室大神として祀ったことにはじまる

41 脱藩の道と雪割り桜を楽しむ

蟠蛇森

ばんだがもり
770m

日帰り

歩行時間＝5時間
歩行距離＝14・3㎞

技術度
体力度

コース定数	＝23
標高差	＝756m
累積標高差	↗ 860m ↘ 934m

須崎湾最深部（須崎市桐間）から蟠蛇森を望む

蟠蛇森山頂（左奥は展望台）

須崎《すさき》市・佐川《さかわ》町境の蟠蛇森は須崎市で最も高い山で、沖から戻る漁師の目印にもなっている。変わった山名は、山の大蛇が美しい乙女に化けて住民をまどわし、恐れられていたことから、蛇がとぐろを巻いている森、蟠蛇森と名付けられたとのこと。山頂周辺は県立自然公園に指定され、展望台に上がると、北に四国山地、南は須崎市街と須崎湾が箱庭のように、さらに太平洋《たいへいよう》を一望する雄大な景色を眺められる。中腹には早春を告げる雪割《ゆきわ》り桜が咲き、シーズン中は多くの見物客が訪れる。

今回紹介するコースは、佐川町側のJR土讃線斗賀野《とがの》駅から蟠蛇森を経てJR土讃線吾桑《あそう》駅へと下るコースである。

斗賀野駅から国道494号に出て左折。10分ほどで児童公園前の狩場の踏切を渡って旧国道に入り、脱藩の道の小さな案内板にしたがってつづら折りの舗装道を**斗賀野峠**へ。峠を越え少し下った川《かわ》の内《うち》分岐を右へ。ここにも脱藩の道の看板がある。舗装が切れる手前の民家の下の道を右上に行くと、**登山道**に入る。マイカーの場合はこの少し手前に駐車する。

途中林道を横切り、30分ほどで**朽木峠**《くちきとうげ》に着く。関所に模した門や展望台がある。ここで脱藩の道と

■鉄道・バス
往路＝JR土讃線斗賀野駅。
復路＝JR土讃線吾桑駅。

■マイカー
高知市から国道33号を松山方面へ向かい、佐川町で国道494号に入り斗賀野へ。公園前の踏切から旧国道に入る。登山道入口手前の道路幅員の広い箇所に数台可。

須崎市側からは高知道須崎東ICを国道56号に出て、高知市方面へ少し戻り、ガソリンスタンドのある三差路を佐川方面へ入って吾井郷へ。登山口手前の狭い車道へ左折して桑田山神社駐車場（雪割り桜シーズンは有料）に駐車する。どちらも高知市から約1時間。

■登山適期
通年手軽に楽しめる。山頂公園にはツツジ類の花木や季節の山野草がある。雪割り桜は2月下旬～3月上旬。

■アドバイス
▽朽木峠は坂本龍馬が脱藩第1日目に越えた峠であり、脱藩日である毎年3月24日直近の日曜日には、全国各地の龍馬ファンが集う。
▽トイレはJR各駅、桑田山神社、桑田山公民館、山頂公園にある。
▽桑田山神社近くに「千年の美湯そうだ山温泉 和 YAWARAGI」（☎0889・45・0055）があり、宿泊以外に立ち寄り入浴もできる。皮膚病や神経痛によい。

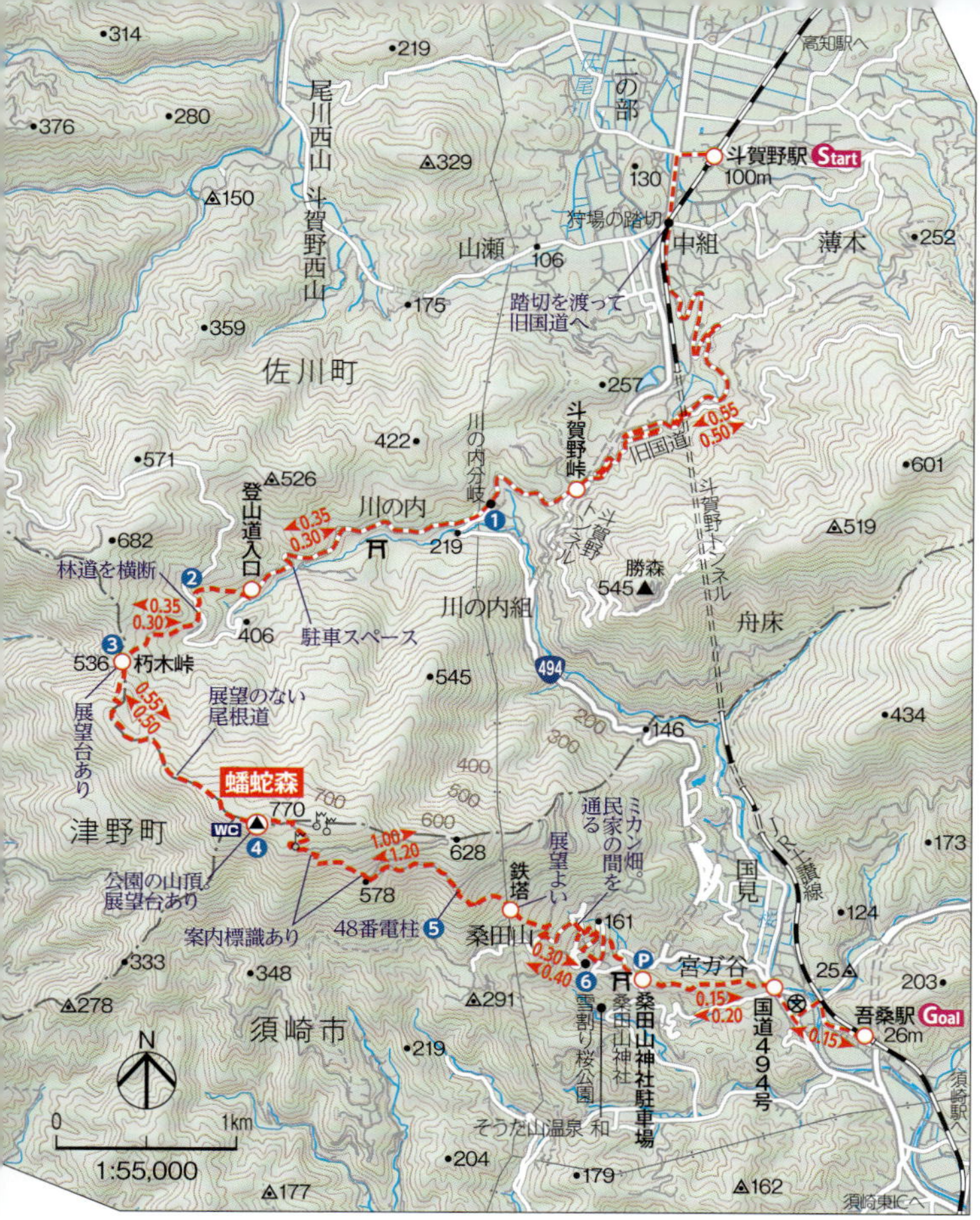

分かれ、尾根を左に折れる。

見晴らしのあまりよくない尾根を1時間ほど登ると、**蟠蛇森**山頂だ。公園として整備され、大きな展望台がある。冬場なら、天候がよければ北に銀白の石鎚《いしづち》山系や、東に室戸《むろと》岬が見えることもある。

下りは市道（舗装道）を歩く。下山道の看板から山道に入り、途中で再び市道へ。電柱（48番）から山道を下ると、須崎湾の眺望がすばらしい**鉄塔**に出る。休憩して眺望を楽しむとよい。

ミカン畑を進み何箇所か市道を横断、生活道の小道を行くと、**桑《そう》田山《だやま》神社駐車場**に出る。再び山道を下り、**国道494号**にいたる。右に進み、10分ほどで**吾桑駅**に着く。なお、マイカーの場合は山頂から往路を引き返す。

■問合せ先
佐川町役場☎0889・22・7700、須崎市役所☎0889・42・2311
■2万5000分ノ1地形図
佐川

CHECK POINT

1 川の内分岐。旧国道から右の町道に入る。バス停があるが登山には使えない

2 林道を横断して朽木峠に向かう

3 朽木峠。龍馬脱藩の日に合わせイベントがある。ここを左に折れる

4 蟠蛇森の山頂展望台からは南側に箱庭のような須崎市街と須崎湾を望める

5 山頂からの下山の途中、車道から登山道へ入る目印の電柱（48番）

6 雪割り桜公園。開花時期は年にもよるが２月下旬から３月上旬

42 猿越山・雑誌山

石鎚山系を見ながら歩く天空の散歩道

さるごえやま 1436m
ぞうしやま 1327m

日帰り

歩行時間＝5時間30分
歩行距離＝11・5㎞

技術度 体力度

コース定数	＝23
標高差	＝306m
累積標高差	↗ 920m ↘ 920m

稜線から見る猿越山（左奥は中津明神山）

猿越山（仁淀川町《によどがわ》）は、中津明《なかつみょう》神山《じんやま》と雑誌山《ぞうしやま》とを結ぶ県境尾根上にある、3等三角点のピークである。近年登山道が整備され、展望のよい山として登山者が増えてきた。その猿越山と、展望は悪いが昔から人気のある雑誌山の2山に登るコースを紹介する。

大規模林道（幹線林道上名《かみな》・用居《もちい》線）脇に「カライケ」と矢印が書かれた道標があり、ここが**登山口**。山火事注意の幟が立てられているので、これを見落とさないよう車を進めること。

猿越山山頂からは石鎚山系が一望できる

登山口はやぶ化することもあるが、植林帯に入るとよく整備された登山道となる。少し登ると廃屋となった造林小屋がある。小屋脇に雑誌山の登山道があったが、今は廃道になっている。

登山口から40分ほど登ると稜線の**鞍部**《あんぶ》に出るが、ここに雑誌山と空《から》池の分岐がある。空池は県内では珍しい標高1000《メートル》以上にある湿地で、貴重な水性植物が生育している。

鞍部から明神山登山口の標識にしたがい稜線に乗ると、あとは快適なササ原の稜線歩きとなる。途中ピークが3つあり、最後のピークのやや厳しい登りをこなすと**猿**

■鉄道・バス
登山に適した公共交通機関はない。

■マイカー
高知市内から国道33号を仁淀川町川口まで走り、国道439号へ右折し旧池川町方面へ。池川大橋手前を左折して町道をツボイ地区まで上がると2車線の大規模林道に出合う。林道を明神山方面へ約15分で登山口に着く（路肩に車を置く）。林道は奥谷集落の上まで来ている。国道494号の用居（もちい）方面からも入ることができる。

■登山適期
四季を通じて登山可能であるが、冬期は積雪が結構ある。空池は夏には、色とりどりの水性植物の花が咲く。

■アドバイス
▽近年水ノ峠から雑誌山、中津明神山までの尾根道が整備され、昔のササに覆われた登山道ではなくなった。車を配車すれば快適な縦走路である。
▽石鎚神社から少し下った雑誌山登山道（石鎚神社参道）は廃道につき、使用しないこと。
▽登山口は水ノ峠、上名野川の奥谷にもある。また、中津明神山の山頂から稜線上に林道が延び、林道出合から短時間で猿越山へ登ることができる。
▽周辺には宿泊施設の中津渓谷・ゆの森（☎0889・36・0680）

越山の山頂だが、三角点があるだけで、山頂標識は置かれていない。三角点の名称が猿越である。

山頂は360度の大パノラマだ。正面には、気象用レーダードームのある中津明神山や遠く石鎚《いしづち》山系が一望でき、東温《とうおん》アルプスの山々も望める。登ってきた稜線を振り返ると、雑誌山やピラミダルな雨ヶ森《あめがもり》を見ることができる。

下山は空池分岐のある**鞍部**まで往路を帰る。時間があれば空池を周回してみよう（約30分）。

鞍部から急な稜線を登ると、西《にし》雑誌山の標識があるピークに着く。そこから平坦な稜線を歩くと、3等三角点のある**雑誌山**山頂に立つ。雑誌山の山頂や稜線はブナや落葉樹の木立ちのため、冬場以外は展望が悪いが、樹間から石鎚山《さん》が望める。山頂から水《みず》ノ峠《と》方面へ少し歩くと石鎚神社の石積みの祠があるので、ここまで足を延ばすのもよい。

下山は往路を戻る。

や、自然体験宿泊施設・しもなの郷（☎0889・36・0005）がある。

■問合せ先
仁淀川町役場☎0889・35・0111、吾川タクシー☎0889・35・0108

■2万5000分ノ1地形図
東川

CHECK POINT

1 大規模林道脇に登山口がある。杭に「カライケ」と矢印が書かれている

2 鞍部の分岐。明神山方面は猿越山、水ノ峠方面は雑誌山へ

3 猿越山山頂の3等三角点。2019年1月現在山頂標識は置かれていない

4 雑誌山山頂。山頂には3等三角点があり、山頂標識も置かれている

43

レーダードームとササ原が美しい山

中津明神山

なかつみょうじんやま　1541m

日帰り

歩行時間＝3時間30分
歩行距離＝4・4km

技術度

体力度

コース定数＝16

標高差＝749m

累積標高差　↗760m　↘760m

↑北面の猿越山から見る中津明神山。山頂のレーダードームが目印となる

←起点となる吾川スカイパークから見る中津明神山

高知・愛媛県境にある中津明神山は、古くからこの地域を代表する名山として親しまれている。山頂付近はササ原のスロープが美しく、1等三角点や2つの祠がある山頂は見晴らしが大変よいため、山座同定にも都合がよい。その山頂には国土交通省の巨大な白い雨量レーダードームがあり、それに通じる舗装した車道もある。

高知市からは国道33号、県道363号を経て、約1時間40分で登山口に近い吾川《あがわ》スカイパーク（パラグライダー基地）に着く。スカイパーク管理事務所付近の山頂に通じる林道を挟んで右手が、大山《おおやま》祇《ずみ》神社の境内となる。

道路脇に車を置き、林道を横切った山側が**登山口**である。トチやツガの巨木が点在する樹林帯をすぎると杉と桧の人工林に変わり、つづら折りの急斜面となる。

林道を数回横切り、再び急登となってがまんの登りが続く。しだいに広葉樹林となり、時おり休憩を入れるとよい。登山口から約1時間20分の登りで**上の林道**付近に出る。

山頂までは再び車道を串刺しにする急登であるが、時おり、山頂にある白いレーダードームが見えている。急斜面と車道をくり返しながら山頂を目指す。足もとや周辺のササ原が心地よい。ササ原の斜面を登りつめると、鳥居が見えてくる。

コース上部は山頂部を望みながらの爽快なササ原歩き

■鉄道・バス
登山に適した公共交通機関はない。

■マイカー
高知市から国道33号を松山方面に向かう。仁淀川町名野川の名野川郵便局をすぎた押しボタン信号のある中津渓谷入口、「ゆの森」の標識を大きく右折して県道363号（中津公園線）に入る。標識にしたがい道なりに進むと登山口である吾川スカイパークに着く。高知市から約1時間40

CHECK POINT

車道脇の駐車スペースの向かい側が登山口。足もとの小さな案内板が目印

杉や桧の植林を登っていく。ところどころで林道と交差する

林道から登山道へと入っていく（標高960メートル付近）

標高1300メートルあたりで再び林道に出る（上の林道）。前方は目指す山頂部

ササ原の道を登り、鳥居をくぐると白いレーダードームが建つ山頂はすぐだ

山頂からの北面の風景。四方の展望が得られる

登り着いた**中津明神山**の山頂は、360度の絶景である。北は石鎚《いしづち》山系の山々が、南には猿《さる》越山《ごえやま》の稜線、四国カルストなどが見える。

下山は往路を引き返すが、登山道にはテープがつけられ、迷うことはないだろう。

分。

■登山適期

標高が1500メートルを超えるため、山頂付近は晩秋から早春までは積雪となることがある。とくに冬期（12～2月）は、冬用タイヤを準備しておくなど、気象情報にチェックしておく必要がある。7、8月は暑さのため避けたい。

■アドバイス

▽車で山頂まで行けることもあり登山者は少ないが、山頂までの登山道はしっかりして要所にテープがあり、迷うことはない。

▽愛媛県側の登山口も近いので紹介する。国道33号をさらに北に進んで中津方面に入り、旧中津小学校、大宮神社を通過して、林道久主稲村線に入ると峠が登山口で、駐車も可能である。登山口から往復3時間。

▽仁淀川町名野川地区から入ってすぐ、中津渓谷県立自然公園がある。秋の紅葉はみごとである。

▽名野川地区に中津渓谷・ゆの森（☎0889・36・0680）があり、宿泊のほか、立ち寄り入浴や食事のみの利用ができる。

■問合せ先

仁淀川町役場☎0889・35・0111、吾川スカイパーク☎0889・35・1083

■2万5000分ノ1地形図

柳井川

44 四国カルストの雄大な風景を楽しむ

天狗ノ森

てんぐのもり
1485m

日帰り

歩行時間＝4時間5分
歩行距離＝8.5km

技術度
体力度

コース定数	＝17
標高差	＝294m
累積標高差	↗601m ↘598m

天狗高原（五段城）から見る天狗ノ森

　四国カルストは山口県の秋吉《あきよし》台《だい》、福岡県の平尾《ひらお》台とともに日本三大カルストに数えられ、高原景観がよいことからドライブコースとしても人気がある。その四国カルストの最高地点が標高1485《メートル》の天狗ノ森で、眼下には1000《メートル》級の尾根が連なり、雄大な景色が楽しめる。

　高原ふれあいの家・天狗荘の東に広い駐車場があり、その奥が**登山口**である。付近はキャンプ場で、トイレもある。登山口には案内板があり、右に行けば天狗ノ森の南につけられたセラピーロードを通って大引割《おおひきわり》・小《こ》引割へ直行できる。

　目指す天狗ノ森へは、案内板から左へ登る。ほどなく、**瀬戸見《せとみ》の森展望台**に着く。展望台からは、天狗荘後方に高知県唯一のスキー場の小さなゲレンデも見える。

　少し登ると、カルスト台地らしく雨で浸食された石灰岩が点在する天狗ノ森が見えてくる。

　天狗ノ森の山頂からは、不入山《いらずやま》や風力発電の風車が並ぶ鶴松森《かくしょうもり》、石灰岩採掘で削りとられて白く平らになった鳥形山《とりがたやま》が目に入る。

　山頂から小木の間を下り、30分あまりで**姫百合平**《ひめゆりだいら》。南への姫百合コースを下れば、セラピーロードに合流し天狗荘に戻ることもできる。

　尾根上を東に進み、黒滝山《くろたきやま》に登ってから大引割・小引割に行こう。ただし、**黒滝山**山頂からの展望はない。

　黒滝山から下って小さな看板のある分岐を左にとると、すぐにセラピーロードからの道と**合流**する

■鉄道・バス
登山に適した公共交通機関はない。
■マイカー
須崎市の道の駅かわうその里すさきから国道197号を津野町高野まで約1時間、高野から幹線林道を約30分で天狗荘。県道304号を経由して幹線林道に出る比較的広い道もある（最短ルート）。天狗荘奥に駐車場とトイレ、登山口がある。積雪の状況などアクセスの詳細は天狗荘へ。
■登山適期
3～11月が適期。積雪期にはスノーハイクも楽しめる。4月中旬から各種のスミレなどが咲きはじめる。
■アドバイス
▽セラピーロードは横道ではあるがゆるやかな登りなので、帰りの体力には余裕を残しておきたい。
▽スキー場の西には石灰岩地形が広がる。カレンやドリーネが見られ、牛の放牧も行われている。
▽宿泊施設の天狗荘（☎0889・62・3188）は通年営業。レストランも営業している。宿泊すると、天体望遠鏡で星を見せてくれるサービスもある。
▽天狗荘近くのカルスト学習館では、天狗高原の自然環境に関する展示が見られる。入場無料。
▽帰路を龍馬脱藩の道で知られる地芳峠経由にとったり、ハート型の岩穴が恋のパワースポットとして若者

CHECK POINT

1

津野町高野にある国道197号から天狗高原へ向かう幹線林道への入口

2

天狗荘の裏手にある登山口。トイレもあるので、身支度をして出かけよう

3

天狗ノ森の山頂標識。足もとは石灰岩がゴロゴロしている

4

自然がつくった地表の割れ目の大引割。足もとには注意したい

（分岐を右にとってもセラピーロードからの道にすぐに合流する）。その先には大小100本あまりのヒメシャラ並木があり、四季を通して楽しむことができる。

石灰岩地形が広がる四国カルスト。牛の放牧が行われている

コース最大の見どころは、国の天然記念物に指定されている、**大引割**（長さ80メートル・深さ30メートル）と**小引割**（長さ100メートル・深さ20メートル）の亀裂だ。東西平行に走っており、どちらも幅は2メートルと狭い。成因は地殻変動という説もあるが、有史以前の大地震によってできたという説が有力である。

帰路は、地元産の桧のチップが敷きつめられたセラピーロードを戻れば迷うことはない。

に人気の長沢の滝、幕末の志士・吉村寅太郎の生家に立ち寄るのもおすすめ。

落差34メートルの長沢の滝（津野町芳生野乙）

▽マイカーの休憩スポットとしては道の駅布施ヶ坂（津野町船戸、☎0889・62・3225）、道の駅かわうその里すさき（須崎市下分甲、☎0889・40・0004）の人気が高い。

■問合せ先
津野町役場☎0889・55・2311

■2万5000分ノ1地形図
王在家

45 四万十川源流点から天然の森へ

不入山

いらずやま
1336m

日帰り

歩行時間＝3時間45分
歩行距離＝4・5㎞

技術度 ／ 体力度

コース定数	＝15
標高差	＝436m
累積標高差	↗585m ↘585m

江戸時代には全国に「御留山《おとめ》」とよばれる、一般の人々の立ち入りや、樹木の伐採を禁じていた場所がある。不入山もその名のとおり、人の立ち入りを禁止した土佐《とさ》藩の御留山だった。そのため今日も自然が残っており、深山幽谷の趣がある山である。

↑津野町船戸地区の国道197号から見る不入山。周辺でいちばん高い山容を見せる

←不入山稜線に咲くヒカゲツツジ

一般的な登山道は、船戸《ふなと》林道入口から山頂まで、徒歩2時間の行程だが、ここでは、清流・四万十《しまんと》川の源流点から登るルートを紹介しよう。

源流点登山口の道標にしたがい谷筋を登ると、20分ほどで**源流点標識**がある。標識の右岸に登山道があり、30分ほどで**横掛《よこが》け道の分岐**に着く。

標識にしたがい、右手の船戸林道へ向かう。少しやぶになっている場所もあるが、北《きた》尾根をまたぐと船戸林道終点からの登山道に下り着く（**林道登山道出合**）。

上部に少し進むと分岐に出る。幽谷《ゆうこく》コースと槇《まき》尾根コースの標識があり、春のツツジの季節は槇尾根、夏は幽谷コースがおすすめだ。今回は直進し、槇尾根に登るコー

■鉄道・バス
登山に適した公共交通機関はない。

■マイカー
須崎市から国道197号を梼原方面に向かい、道の駅布施ヶ坂をすぎてふたつ目のトンネルを出て「四万十川源流点」の看板を右折。せいらんの里をすぎたら、源流点に向かう林道を左に入り、「源流の碑」前の登山口にいたる。須崎市から約1時間30分。源流の碑の手前に、数台の駐車スペースがある。
もうひとつは、国道33号を松山方面に向かい、仁淀川町大渡で上仁淀橋（赤い橋）を渡って国道439号を新田方面に入り、矢筈トンネル東入口を左折すれば約1時間20分で源流点分岐にいたる。

■登山適期
四季を通じて登山可能。アケボノツツジ、ヒカゲツツジは4月下旬から5月初旬。シャクナゲは5月中旬。紅葉は10月下旬からはじまる。

■アドバイス
▽紹介コースを逆コースで歩く際は、チェックポイント③の道標を見落とさないこと。
▽船戸林道のゲート（一般ルート）からは登山口まで約1時間の林道歩き。途中林野庁の「森の巨人たち百選」の大モミの木がある。
▽幽谷コースはルンゼを登る。登山道は苔の生えたゴーロであるが、深

CHECK POINT

源流点登山口。左に源流の碑が設置されている。周辺の路肩に駐車できる

▼

横掛け道分岐。山頂と船戸林道の分岐で山頂ルートの方が簡単に山頂に立てるが、ここは船戸林道方向へ

▼

林道登山道出合（源流点への標識）。逆コースで源流点に帰る時は、この標識から横掛け道に入る

▼

3をすぎると、まもなく幽谷コースと槇尾根コースの分岐がある

▼

不入山山頂には1等三角点があり、鳥形山鉱業所や遠く石鎚山も見ることができる

スをとる。

ヒメシャラの林立する谷を渡ると尾根に立つ。槇尾根は春にはアケボノツツジやヒカゲツツジ、シャクナゲが咲き、たくさんの登山客が訪れる場所だ。ただし尾根筋の登山道は木の根や露岩を越すので、注意を要する。

ほどなく幽谷コースと**合流**し、そこから少し登ると、稜線上に「太郎坊桧《たろうぼう》」とよばれる大きな桧が現れる。山頂手前の岩場を左に巻くと、1等三角点の**不入山**の山頂に立つ。石灰岩を削られ山容が変わっていく鳥形山《とりがたやま》が見え、その奥には石鎚山《いしづちさん》も見ることができる。

清流四万十川の源流点。真の源流点はさらに上流の横掛け道の上

帰路は山頂の祠の横から、東《ひがし》尾根を下る。四万十森林管理署の道標が要所にあり、道標にしたがえば**源流点登山口**に下る。なお下山路の東尾根は、四万十川の源流点人気や、トレイルラン等のイベントが催されるのでスズタケは刈られているが、背丈以上のやぶになることがあるため、注意が必要。

山幽谷の趣が楽しめる。

▽「せいらんの里」（☎0889・62・3623／☎090・7785・2996・谷脇さん）は宿泊可能な施設で、素泊まりも可能。周辺の案内や登山道の詳細は谷脇さんへ。

■問合せ先
津野町役場西庁舎☎0889・62・2311

■2万5000分ノ1地形図
王在家

高山登山口近くから見る鈴ヶ森

46 県鳥ヤイロチョウの棲む森へ 鈴ヶ森

すずがもり 1054m

日帰り

歩行時間＝6時間50分
歩行距離＝13・0㎞

技術度

体力度

コース定数＝26

標高差＝304m

累積標高差 ↗941m ↘941m

鈴ヶ森は、不入山《いらずやま》（118㌻参照）と同じく藩政時代はお留《と》め山として伐採が禁止されてきたことから、樹齢3百年を超えるアカガシや桧、松、モミ、ツガ、ブナ、ヒメシャラ等の自然林が残され、今でも登山道脇には大木が見られる。この山域は山が深く、高知県の県鳥に指定されるヤイロチョウが棲む場所として知られている。

登山口はいくつかあるが、南西の春分《しゅんぶん》峠から、全行程照葉樹林帯の稜線をたどるルートを紹介しよう。展望はよくないが、静かな山旅を好む人向けのコースである。

高知市内から高知道を窪川《くぼかわ》まで使い、登山口の**春分峠**に2時間ほどで着く。春分峠には5〜6台の駐車スペースがある。

樹齢3百年を超すアカガシの大木（杖立付近）

春分峠から尾根につけられた道を30分も登れば**杖立**《つえたて》で、松葉川《まつばがわ》温泉からの道と合流する。ここで左に折れて稜線を進むと、大きなアカガシや桧が現われる。点在する大木には樹名と胸高・周長が書かれた標識があるが、年数がたち、ほとんど文字は読めない。

杖立からふたつ目のピークをすぎると木立ちが透ける場所があり、ここから鈴ヶ森を見ることができる。

杖立から1時間ほど歩くと、ロープの張られた急登が現れる。このコースでいちばんの難所である。ロープをつかみながら登ると**三町**

木もれ日の差す登山道

■鉄道・バス
四万十交通バスがJR土讃線窪川駅から松葉川温泉まで1日数便あり、温泉で1泊する山行には使用できる。

■マイカー
高知道四万十町中央ICから松葉川温泉まで約18㌔。そこから春分峠へは

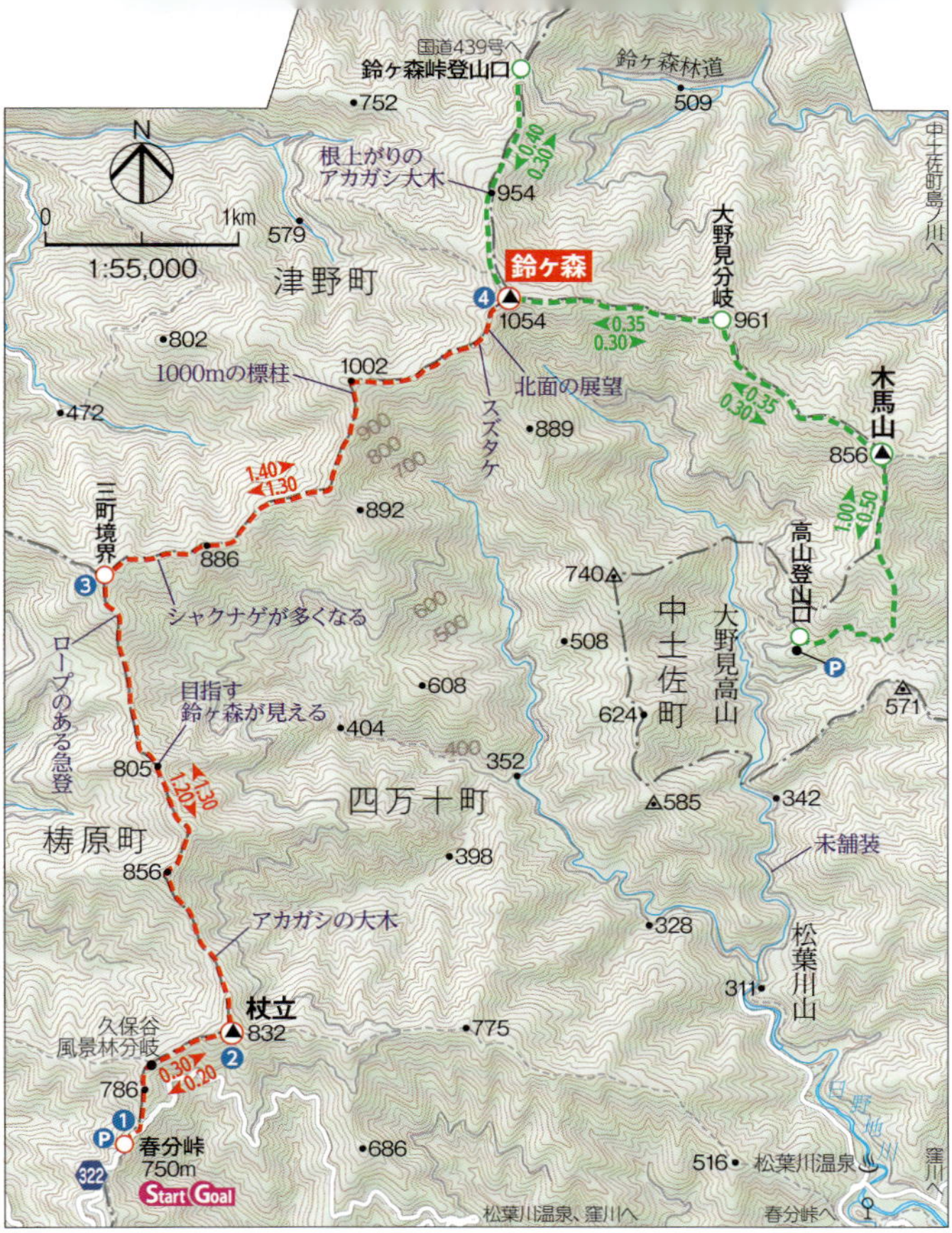

CHECK POINT

県道322号上の春分峠登山口。杖立に登る道と久保谷風景林に下る道がある

▼

杖立三角点。この先は稜線上に切り開かれた幅の広い登山道が続く

▼

三町境界。春分峠と鈴ヶ森の中間地点となる

▼

2等三角点がある鈴ヶ森山頂。木々に覆われ、南の展望がわずかに得られる

境界（梼原《ゆすはら》町、津野《つの》町、四万十《しまんと》町）のピークに着く。このピークをすぎると群落ほどではないがシャクナゲの木が多く見られ、１００２㍍《メートル》のピークで右に折れ稜線を歩くとアカガシの大木が多くなる。登山道脇にスズタケが出てくると山頂は近い。

鈴ヶ森山頂には２等三角点があり、展望は南側が少し開けているだけで枝折山《しおりやま》や太平洋が見え、山頂より少し下ると北側の天狗《てんぐ》高原や不入山が展望できる。

下山は往路をたどる。

さらに林道を約10㌔・30分ほど。途中から未舗装になるので注意。春分峠の路肩に約5台駐車可。

■登山適期

春のシャクナゲのシーズン（5月初旬）がベスト。登山道は木立ちのトンネルで眺望はほとんどないが、冬場は明るい森となる。

■アドバイス

▽登山道が整備されてから年数がたち道標が古く見づらいが、稜線を外さなければ問題ない。

▽杖立から少し下ると久保谷へ下る分岐があるが、巻道と間違わないこと。登山道はすべて稜線上につけられている。

▽四万十町日野地にある松葉川温泉は、高知県では泉質がよいことで知られる。下山後に汗を流すのに最適。

▽鈴ヶ森峠からの登山道脇には、大きな根上がりのアカガシがある。

▽サブコースの高山登山口へは、松葉川温泉から未舗装の林道を走行する。登山口に2〜3台駐車できる。

■問合せ先

四万十町役場☎0880・22・3111、四万十町観光協会☎0880・29・6004、四万十交通（バス）☎0880・22・1131、ホテル松葉川温泉☎0880・23・0611

■2万5000分ノ1地形図

米の川・新田

47

遍路道を歩き漁師町を訪ねる

添蚯蚓

日帰り

そえみみず
４０９ｍ（最高地点）

歩行時間＝４時間35分
歩行距離＝14・２km

技術度
体力度

コース定数＝**19**
標高差＝401ｍ
累積標高差 ↗612ｍ ↘612ｍ

昔、旅人に土佐の難所として「かどや、やけざか、そえみみず」といわれた添蚯蚓は、中土佐《なかとさ》町久礼《くれ》から四万十《しまんと》町床鍋《とこなべ》へと抜ける、昔ながらの遍路《へんろ》道。いっぷう変わった名は、道が右に左に曲がりくねり、ミミズがはって前に進むさまに似ていることからつけられたという。弘法大師《こうぼうだいし》ゆかりの伝説も残されており、今もなお巡拝の遍路道として生きている。

ＪＲ土佐久礼駅から国道56号を高知市方面へ北に進み、長沢《ながさわ》川に架かる橋を渡る。すぐに左に曲がり、県道41号を西進。川沿いの舗装された道を石標の案内にしたがって進むと、お遍路さんの休憩所があり、右側に**添蚯蚓登山口**の標識がある。

はじめは急な登りだが、すぐに下りとなる。高知道の下を抜け長い階段を登ると、山道に入る。植林の中、ゆるやかにアップダウンをくり返して西へ進む。要所の木々に遍路道を示す標識があり、迷うことはない。中間地点には、空《くう》海《かい》の修行にまつわるとされる**庵寺跡**があり、地蔵が祀られている。

最高点になる標高４０９メートルあたりからは、南西の尾根を下る。途中には、久礼湾に浮かぶ双名《ふたな》島が見える**展望地**がある。

やがて畦道となり、県道41号に出て**添蚯蚓の終点**となる。国道56号へ向かうと、5分ほどで**七子《ななこ》峠**。

長沢谷から見る添蚯蚓。添蚯蚓に沿って高速道路が延びているのがわかる

大坂谷沿いの桜並木

■鉄道・バス
往路・復路＝ＪＲ土讃線土佐久礼駅。同駅には特急がすべて停車する。

■マイカー
高知道中土佐ICから国道56号を四万十町方面へ走る。久礼の商店街へ左折し、久礼八幡宮の海側に面するふるさと海岸に駐車する。

■登山適期
通年よいが、3月下旬から4月上旬には、中土佐町の桜の名所・大坂谷川沿いの桜を楽しむことができる。晩秋の遍路道も風情がある。

■アドバイス
▽舗装された車道を歩く箇所が多く、危険箇所は少ない。ただし、七子峠からの下りは丸太の階段なので、湿っているとすべりやすいため注意が必要。
▽久礼八幡宮で旧暦8月14・15日に行われる秋季大祭は土佐の三大祭りのひとつとして、多くの見物客でにぎわう。
▽久礼は土佐いごっそうの漁師町。新鮮な魚介があがる大正町市場（☎０８８９・59・１３６９）に立ち寄り、お腹を満たしていくのもよい。

■問合せ先
中土佐町役場☎０８８９・52・２２１１

■２万５０００分ノ１地形図
久礼

駐車場の奥にある「四国のみち」と「久礼八幡宮」の標識にしたがって丸太の階段を下ると不動《ふどう》の滝があり、岩の上には不動明王《みょうおう》が祀られている。

滝を横切って下ると七子峠と久礼八幡宮の分岐を示す**標識**があり、それにしたがって進むと大坂谷《おおさかだに》川に出る。ここからは舗装された車道となる。

七子峠から久礼八幡宮へは約7キロの道のりだが、立目《たちめ》地区からの大坂谷川沿いは「久礼の桜」の名所だけに、開花期に訪れると疲れも癒されるだろう。

道なりに進めば、鎌倉《かまくら》時代から栄えた漁師町の久礼地区に入る。秋の大祭で知られる**久礼八幡宮**や商店街を抜けて、**ＪＲ土佐久礼駅**に戻る。

展望地からの土佐湾に浮かぶ双名島方面

CHECK POINT

最寄りの駅であるJR土讃線土佐久礼駅

添蚯蚓登山口。お遍路さんの休憩所がある

お地蔵様と石碑がひっそりとならぶ庵寺跡。添蚯蚓の中間地点となる

国道上の七子峠。お遍路さんマップの看板や久礼八幡宮への標識がある

七子峠と久礼八幡宮の分岐を示す標識。ここから東方向に下る

五穀豊穣、海の守護などとして崇拝されている久礼八幡宮

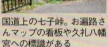

48 紺碧の海に囲まれた孤島の嶺

妹背山

いもせやま
404m

日帰り

歩行時間＝3時間15分
歩行距離＝6.0km

技術度
体力度

コース定数＝**12**

標高差＝400m

累積標高差 439m 433m

洋上から見る沖の島最高峰・妹背山（中央）。左下は母島の集落

『今昔《こんじゃく》物語』に「その昔、農夫が幼い姉弟をつれ舟で田植えに出かけた。舟で2人の子が眠ってしまう。そのうち満ち潮で親の知らぬ間に舟が沖へと流され、ひとつの島にたどり着いた。嘆き悲しんだ姉弟だが、舟に積んであった農具で耕作し、島で暮らすうち、いつしか夫婦になった」という物語があるが、たどり着いた島が、宿《すく》毛《も》湾に浮かぶ沖《おき》の島《しま》である。その島の最高峰が妹背山だ。藩政時代には土佐《とさ》と伊予《いよ》の領土争いのため、二分されていた島でもある。

ここでは、母島《もしま》港から登り弘瀬《ひろせ》港に下るルートを紹介しよう。

母島港から道標にしたがい日吉《ひよし》神社の石段を登り境内を抜け、県道358号に出る。県道を左にとり沖の島小・中学校に向かうと、学校左手の県道脇に**妹背山登山口**がある。ここまで約30分の車道歩きである。その登山口からは、北に鵜来島《うぐるしま》が眺められる。

一服したら、照葉樹林帯の登山道を登ろう。登山道自体は明瞭で要所に道標があり、

仏ヶ丘。四国88ヶ所と西国33ヶ所の石仏が鎮座する

沖の島西面の七ツ洞。定期船から見ることができる

■**船・鉄道・バス**
往路＝宿毛・片島港（土佐くろしお鉄道宿毛駅からタクシー利用）から宿毛市営定期船で母島港へ。
復路＝弘瀬港から宿毛市営定期船で宿毛・片島港へ。
定期船（所要約1時間30分）は1日2便で、片島港を7時と14時30分、帰りの弘瀬港は8時20分と15時35分に出航。荒天時は欠航になる。

■**マイカー**
高知道を使い宿毛・片島港まで高知市内から約2時間20分。

■**登山適期**
四季を通じて登山可能。夏は、島に宿泊すれば登山とマリンスポーツの両方が楽しめるが、この時期の山頂はやぶに覆われる。

■**アドバイス**
▽朝の定期船（7時）に乗ると日帰りできるが、島内には民宿や渡船宿、キャンプ場（母島と弘瀬の中間、白岩岬公園にある）もあり、1泊すれば余裕がもてる。
▽全行程に水場はない。

■**問合せ先**
宿毛市役所☎0880・63・1111、宿毛市沖の島支所☎0880・69・1001、宿毛ハイヤー☎0880・63・2111、宿毛市営定期船☎0880・63・1118、旅館おきのしま☎0880・69・1116、望洋館澤近（旅館）☎0880

迷うことはない。30分ほど登ると**林道**に出合う。その林道を横切って登山道を歩くと、迂回した林道に再度出る。

林道を左にほんの少し歩くと、右手に登山道分岐がある。登山道に入り、10分ほどで小さな鳥居の山伏《やまぶし》神社分岐に出て、右に**山伏神社**が建つ。神社には、樹齢500年を超すスダジイの大木がある。

分岐に戻り、ゆるやかな登りを道標にしたがい20分ほどこなすと開けた**妹背山**山頂に着く、山頂には1等三角点があり、展望台から豊後《ぶんご》水道や九州の山脈が展望できる。

休憩したら、下山は南の弘瀬港に下りよう。山頂から林道を下ると、すぐ尾根筋に**弘瀬への分岐**の道標がある。弘瀬へ下る途中、**仏《ほとけ》ヶ丘《おか》**や三浦《みうら》一族の墓がある。

玉柄《たまがら》への分岐をすぎると、石の登山道やロープの張られた岩場が出る。人家の石垣跡や岩を抱いたタブの木を見ながら下山すると、猪除けのゲートがある。ゲートをすぎれば**弘瀬集落**である。集落には山《やま》ノ神《かみ》神社や荒倉《あらくら》神社があり、アコウの巨木も見られる。定期便の出航までに2時間ほどの余裕があれば、沖の島灯台まで往復できる。映画「孤島の太陽」で知られる荒木初子元保健婦の記念館を見学するのもよい。

・69・1121

■2万5000分ノ1地形図
母島

CHECK POINT

1

母島港から妹背山登山口の標識にしたがい日吉神社に登る。日吉神社の上に県道358号が通っている

▼

2

県道358号沿いに建つ沖の島小・中学校横の妹背山登山口。ここから山道に入る

▼

3

山伏神社には御神木である樹齢500年のスダジイの大木がある

▼

4

山頂から5分ほど下ると弘瀬分岐に出る。左は林道で、案内にしたがい弘瀬方向へ進む

▼

5

弘瀬集落内にある妹背山の道標。沖の島港（弘瀬）で下船した場合はここが登山口となる

49

三本杭

自然林の宝庫、黒尊川源流をたどる

さんぼんぐい
1226m

日帰り

歩行時間＝2時間50分
歩行距離＝6・5km

技術度

体力度

コース定数	＝13
標高差	＝221m
累積標高差	↗522m ↘522m

八面山山頂より三本杭を望む

四国西南部に位置する鬼《おに》ヶ城《がじょう》山系は、1000メートル級の山々が高知・愛媛の県境に接するように連なっている。黒尊《くろそん》川の源流にあたる三本杭は、この山系を代表する山で、天然林やさまざまな植物の宝庫である。山頂は愛媛県になる。日本三百名山のひとつで、かつては黒尊山《やま》ともよばれていたという。

ササが回復しつつある三本杭山頂。天気のよい日には石鎚山や九州まで見える

四万十《しまんと》市中村《なかむら》から四万十川をさかのぼり、西土佐口屋内《にしとさくちやない》集落から黒尊川沿いに進む。奥屋内《おくやない》集落をすぎ、黒尊スーパー林道に入る。トイレのある休憩場所をすぎると、沢沿いの登山口の案内板（若葉《わかば》橋）があるが、登山道が荒れていることもあるため、さらに進んで愛媛県側に入り、八面山《やつづらやま》を経由して三本杭へ登るコースをとる。**八面山への登山口**は、休憩所から25分ほど走ったところに標識がある。

八面山〜三本杭の稜線は天然林の宝庫。タヌキなどの小動物も時々現れる

鉄パイプのハシゴを登り、ササの道を進むと、ほどなく**猪《い》のコル**。宇和海《うわかい》がみごとだ。尾根道を大久保山《おおくぼやま》まで登りつめると、モミやツガ、アセビが多くなり、やがて**八面山**山頂に着く。

一服して景色を楽しんだら、稜線を熊《くま》のコルへと下る。左右にブナなどの天然林の多い、美しい道のりである。

熊のコルでは、若葉橋からの道と、愛媛県滑床《なめとこ》からの道が交差する。三本杭へは直進する。途中、右手に串ヶ森《くしがもり》方面への分岐があるが、そのまま進む。きつい登りが続いて山頂直下の**タルミ**に出る。

■鉄道・バス
登山に適した公共交通機関はない。
■マイカー
八面山登山口へは四万十市中村から約2時間。約60キロの行程（詳細は本文参照）。八面山登山口近くの林道

ここからはシカ除けのフェンスが張られており、扉を閉め忘れないように注意する。左手のピークが**三本杭**山頂である。1等三角点があり、360度の展望が開ける。2001年頃よりニホンジカの食害により、山頂が禿山のようになっていたが、フェンスの設置や駆除、ササの移植等の対策のおかげで、現在ではかなりササ原が回復してきた。

下山は往路を戻る。

CHECK POINT

1 登り口の鉄バシゴ。林道脇に4台ほど駐車スペースがある

2 猪のコル。鬼ヶ城山からの道と合流する。宇和海や権現山が見える

3 八面山山頂。向かいに目指す三本杭が見える

4 熊のコル。滑床からの道と、黒尊林道途中の若葉橋へ続く沢沿いの道が交差する

5 山頂南直下のタルミ。東に檜尾根へと続く道が見える

6 檜尾根を少し下ったところにあるシャクナゲの大群落

脇に4台ほどの駐車スペースがある。愛媛県側のJR予讃線宇和島駅から歩くルートもあるが、長丁場になるため日帰りではおすすめできない。

■登山適期

3～11月。5月のブナの新緑とシャクナゲ、オンツツジの咲く頃、また10月中旬から11月にかけての紅葉の頃もよい。

■アドバイス

▽黒尊スーパー林道には2箇所の休憩所とトイレ、大駄馬にはテントを張るスペースがある。口屋内までの四万十川沿いにキャンプ場がある。

▽山頂へは愛媛県滑床から登るコースもあり、御祝山経由の檜尾根付近には、シャクナゲの大群落がある。

▽毎年11月中旬の紅葉シーズンに西土佐奥屋内の黒尊集落で「黒尊むら祭り」が開催される。

▽口屋内に地元の人が経営する農家レストランの「しゃえんじり」（☎0880・54・1477）がある。11時30分～14時・水曜休。

▽西土佐江川崎の「道の駅よって西土佐」では四万十川でとれたアユやアマゴの塩焼き等、地元の物産を販売している。

■問合せ先

四万十市役所西土佐総合支所☎0880・52・1111

■2万5000分ノ1地形図

宇和島・松丸

50

篠山

アケボノツツジがみごとな信仰の山

ささやま
1065m

日帰り

歩行時間＝1時間30分
歩行距離＝1・8km

技術度 ■□□□□
体力度 ■□□□□

コース定数	＝**6**
標高差	＝283m
累積標高差	↗285m ↘285m

高知県宿毛市《すくも》と愛媛県愛南町《あいなん》の境界にある篠山は、歴史的には森林資源をめぐって土佐藩《とさ》と宇和島《うわじま》藩との国境紛争の現場になった山である。山頂は双耳峰状になっており、「矢筈山《やはずやま》」ともよばれた。山上の篠山神社（神仏分離により明治4年に篠山権現《ごんげん》から改称）、廃寺になった観世音《かんぜおん》寺（八十八ヶ所霊場番外札所）など、神仏混淆の聖地としても知られる（『高知県の地名』平凡社）。

篠山山頂の標高は1065メートルだが、車道（通称篠山公園線）が標高800メートル近くまで到達しており、わずかな時間で山頂まで行くことができる。全国に例を見ない規模のアケボノツツジの群落があり、シーズンは大勢の人でにぎわう。

登山口へは、国道56号を愛媛県境から愛媛県道332号に入り、篠山トンネル手前を右折。篠山山頂から南東に延びる尾根を回りこむカーブ付近に記念碑のある第一駐車場がある。すぐ前が八合目**登山口**だ。

山頂付近にはアケボノツツジの群落がある。ゴールデンウィークあたりが見ごろ

愛媛県道332号篠山公園線より篠山を望む

登山口から尾根を30分ほど直上し、水場をすぎると開けた場所に出る。篠山**観世音寺跡**である。大杉がみごとだ。

すでに山頂直下にいたっており、ここから西にトラバースして山頂に最短で登るコースをとる。シカの食害からミヤコザサを守るためネットを張ってあるので、入口の扉をしっかり閉めて進む。稜線に出ると左手に「入らずの森」への道があるが、近年アケボノツツジの樹勢が衰え、後継樹が育っていないことから、立ち入りは禁止されている。

■**鉄道・バス**
登山に適した公共交通機関はない。
■**マイカー**
国道56号の愛媛・高知県境の愛媛県側に愛媛県道332号の入口があり、標示にしたがい進むと登山口の第一駐車場がある（トイレあり）。宿毛市街から約1時間。東側の高知県道4号経由で入ることもできるが、時間は大差ない。
■**登山適期**
真夏と真冬以外は、どのシーズンも楽しめる。春のアケボノツツジ、秋

CHECK POINT

1 県境上にある第一駐車場前の登山口。駐車場の奥にトイレもある

2 観世音寺跡。第二駐車場からの道や篠山の山腹道が分岐する

3 山頂直下の石段を上がると篠山神社が建っている。ここまでくれば山頂はすぐだ

4 篠山山頂には土予国境の石柱がある

5 樹齢百年以上といわれる山頂のアケボノツツジ

篠山神社の横を通り抜けると、**篠山**山頂に出る。「北土佐国境、南伊予国境」と書かれた石柱が、かつての国境紛争をしのばせる。国境の目印とされた「矢筈の池」とよばれる小さな水たまりもある。山頂からは、視界が利く時であれば九州が見える。篠山神社から山頂の北側あたりはアケボノツツジが多くあり、シーズンにはみごとな花を咲かせる。

下山は往路を戻ろう。

観世音寺跡近くの大杉

の紅葉はとくにすばらしい。

■アドバイス

▽アケボノツツジの開花時は、大勢の人で混雑する。第一駐車場の手前に第二駐車場もあり、そこから観世音寺跡に通じるルートがある。

▽篠山トンネル手前（愛南町）に篠山自然学習館（愛南町役場一本松支所☎0895・84・2211）がある。開館日時は要問合せ。

篠山自然学習館のある篠山森林公園

宿毛市観光協会☎0880・63・0801

■2万5000分ノ1地形図

楠山

51 展望抜群の「四国のみち」

松尾峠

まつおとうげ
約300m

日帰り

歩行時間＝1時間40分
歩行距離＝3・4km

技術度
体力度

コース定数＝**9**

標高差＝312m

累積標高差 ↗422m ↘422m

藤原純友城址の展望台からは、沖の島をはじめ多くの島が見える

宿毛新港から松尾峠を望む

高知県宿毛《すくも》市と愛媛県愛南《あいなん》町の県境にある標高約300㍍の松尾峠（別名松尾坂）。藩政時代には土《と》佐《さ》と南予《なんよ》を結ぶ街道が通り、昭和初期まで多くの旅人でにぎわった。かつての国境だけに、境目番所が置かれていた。現在は「四国のみち」として整備され、お遍路さんに出会うことも多い。

宿毛市側からの登山口は、土佐くろしお鉄道宿毛駅から約3・5㌔北西に位置する、宿毛市大深浦《おおぶかうら》集落の一番奥にある。そこまでの道には数箇所「四国のみち」の道標があるが、はじめての人にはわかりにくく、事前に宿毛市の詳細地図で調べておくか、タクシー利用が便利である。

登山口は集落の終点で、案内板が設置されている。民家の右手の登山道を進み、しばらく果樹園の中を歩くと、ところどころに街道時代の**石畳**の名残や松並木の跡があり、いずれも案内板が設置され、街道の歴史を知ることができる。

登りつめていくと茶屋跡、峠には弘法大師《こうぼうだいし》が祀られる**大師堂跡**がある。地元の人たちが管理しており、あずまやや木造のトイレも置かれている。秋の紅葉の時期には美しい景観が見られる。

その先の分岐から尾根を左に約350㍍登ると、4等三角点のあ

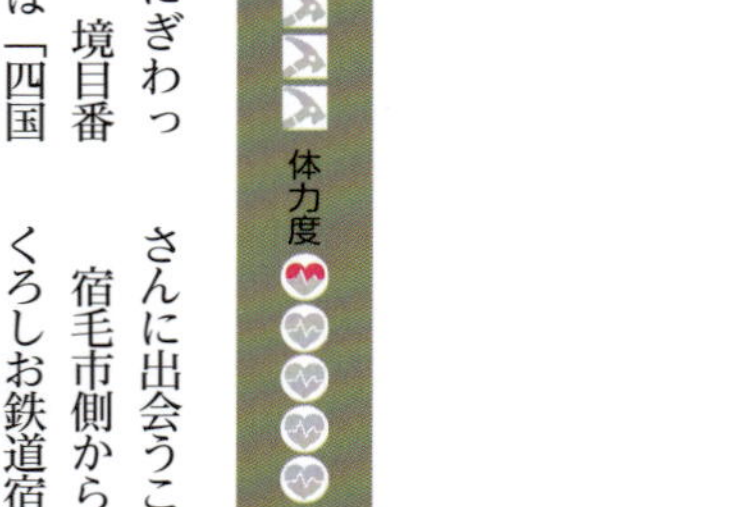

大師堂跡。秋は紅葉が美しい

■**鉄道・バス**
往路・復路＝土佐くろしお鉄道宿毛駅からタクシーで登山口へ。
■**マイカー**

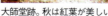

る藤原純友《ふじわらのすみとも》城址に出る。展望台があり、太平洋《たいへいよう》や宿毛湾に点在する小島の眺めがすばらしい。

下山は大師堂跡まで引き返し、往路を下る。

なお、「四国のみち」を北に下ると、愛媛県愛南町一本松《いっぽんまつ》の小山《こやま》にいたる。宿毛市平田《ひらた》町の四国八十八ヶ所霊場39番札所・延光寺《えんこうじ》から愛媛県愛南町御荘《みしょう》の40番札所・観《かん》自在《じざい》寺まで歩くお遍路さんの多い道である。

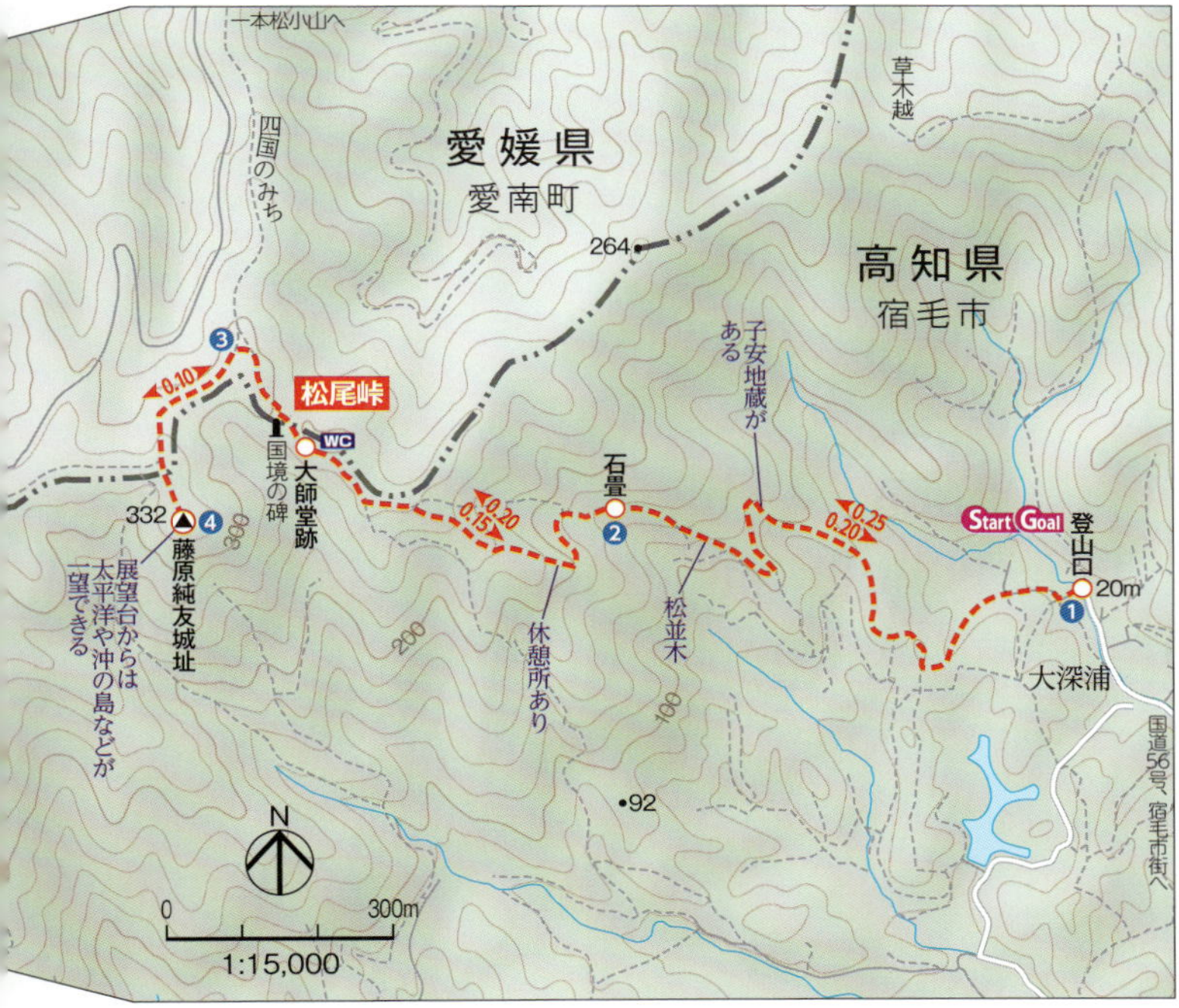

CHECK POINT

1 大深浦集落の民家の庭先にある松尾峠の登山口

2 登山道のところどころに石畳が現れる

3 大師堂跡の先にある藤原純友城址への分岐点

4 地形図の332.3㍍三角点にある純友城址（山頂）展望台

高知道を使い、国道56号で宿毛市街へ。松尾峠の宿毛側の登山口は民家の庭先なので、駐車スペースはない。宿毛市街の駐車場にマイカーを停め、タクシーを利用するのがベスト。

■登山適期
盛夏以外、どのシーズンも楽しめる。秋は大師堂跡の紅葉が美しい。

■アドバイス
▽宿毛駅から登山口まで歩く場合は、駅北口から県道7号を西に1・7キロ進むと「四国のみち」と遍路道の看板があるので、山に向かい田畑の道を進む。各所にある看板を見落とさないようにしながら大深浦集落終点まで行くと、そこが登山口である（宿毛駅から約3・5キロ・約1時間）。

▽山頂から見える咸陽島は、冬場の「だるま夕日」で有名な場所。宿毛駅から車で10分ほどの大島にある咸陽島公園が撮影スポットになっている。公園の近くには「宿毛リゾート椰子の湯」（☎0880・65・8185）があり、宿泊以外に立ち寄り入浴もできる。

■問合せ先
宿毛市観光協会☎0880・63・0801、宿毛ハイヤー☎0880・63・2111

■2万5000分ノ1地形図
宿毛

52 石見寺山《いしみじやま》

411m

ミニ八十八ヶ所と四万十川の展望

日帰り

歩行時間＝2時間6分
歩行距離＝4・8㎞

技術度

体力度

コース定数	＝11
標高差	＝406m
累積標高差	↗ 512m / ↘ 512m

郷土資料館最上階からの石見寺山全景

(右)ミニ八十八ヶ所の石像。登山道脇に札所順に設置されている
(左)安吾の滝

四万十《しまんと》市安並《やすなみ》と幡多《はた》郡黒潮《くろしお》町の境に位置する石見寺山は、標高４００《メートル》あまりの低山だが、登山道には四国八十八ヶ所の石仏があり、山頂からは「小京都」中村《なかむら》の街並みや四万十川、足摺《あしずり》岬などのすぐれた景観を楽しめる。山麓には弘法大師《こうぼうだいし》が建てたとされる石見寺がある。

安並運動公園駐車場を出ると、すぐに石見寺参道の看板がある。舗装道を10分ほど登ると**石見寺**。境内に案内板がある。

寺の脇に道があり、はじめは墓地の中を進み、標識にしたがい登っていくと登山道らしい道になる。途中鉄塔があるが、道なりに進む。登山道

■鉄道・バス
往路・復路＝土佐くろしお鉄道中村駅からタクシーで安並運動公園へ(約10分)。

■マイカー
安並運動公園へは、高知方面から国道56号で四万十市古津賀へ(約1時間40分)。サニーマートをすぎてすぐの下田分岐を右に入り、後川沿いの道をまっすぐ進む。東山小学校を右手に見てそのまま道なりに進むと田畑の中の道路になるが、つきあたりを右折すればすぐである。広い駐車場がある。

■登山適期
真夏以外ならいつでも。新緑の春や紅葉の秋もよい。

■アドバイス
▽石見寺は弘法大師の開山とされ、薬師如来を本尊としている。一条氏時代には小京都・中村の鎮守寺だった。石仏は安政年間のものとされる。
▽中村の市街地には、歩いて20分ほどで登れる城跡を整備した為松公園があり、桜やツツジが植えられている。山頂にお城の形をした郷土資料館(☎０８８０・35・４０９６)があり、古代からの幡多地域の様子や四万十川流域の生活を伝える展示物のほか、最上階に３６０度の展望が利くベランダがある。
▽四万十市具同のトンボ自然公園(☎０８８０・37・４１１１)は、湿

の脇には、札所番号、寺の名前、守り本尊の名が刻んである石仏が置かれており、八十八ヶ所めぐりができる。

先に進むほど急登が続くが、京都の**嵯峨野《さがの》風といわれる竹林**を抜けると石見寺山の山頂はもうすぐだ。**石見寺山**山頂からは山、川、海の360度のパノラマが展開している。

下山は、東へ5分ほど下ると、谷筋を下る道と尾根筋を進む標識のある**分岐**に行きあたる。尾根筋の道はわかりにくくなっている箇所があり、谷筋を下るのが一般的。ただしぬれているところも多いので、すべらないように注意する。

何度か徒渉して谷筋を下っていくと、左手に古いあずまやがあり、その奥に安吾《やすご》の滝が懸かる。登山道を下りきったところが**石鎚《いしづち》神社**で、民家前の舗装道を下ると**安並運動公園駐車場**に戻る。

CHECK POINT

安並運動公園駐車場よりすぐの参道入口

古くから信仰のあった石見寺。四万十市内を一望

嵯峨野風の竹林。ここまで来れば山頂は近い

小広い石見寺山山頂。展望のよい場所だ

山頂東直下にある谷への分岐。ここを右に下る

砂防堤の脇にある石鎚神社

山頂からは、四万十市街を挟むように流れる四万十川と後川が合流し、太平洋にそそぐ絶景が見られる

地帯や小川の地形を生かした公園で、トンボや数多くの動植物の観察ができる。入口に「あきついお」（四万十川学遊館）があり、トンボをはじめ、さまざまな昆虫、川や汽水域に棲む魚の生態を学ぶことができる。中村駅より車で10分。

■問合せ先
四万十市観光協会☎0880・34・1555、平和観光タクシー（中村駅）☎0880・34・1414、鈴ハイヤー（中村駅）☎0880・34・2413

■2万5000分ノ1地形図
蕨岡

53

雄大な太平洋と歴史の道

八丁山《はっちょうさん》

288m

日帰り

歩行時間＝2時間10分
歩行距離＝3・0km

技術度 1
体力度 1

コース定数	＝9
標高差	＝284m
累積標高差（登り）	394m
累積標高差（下り）	394m

幡多《はた》郡黒潮《くろしお》町（旧大方《おおがた》町）にある八丁山は、列車の駅から歩いて登ることができ、太平洋《たいへいよう》を見下ろすことができる展望のよい山である。標高が低いため、秋冬の日だまりハイクなどが適している。

南側の入野《いりの》地区と北側の橘川《たちばながわ》地区を結ぶ古い生活道が登山道と重なっており、古道の由来を記した看板も設置されている。

土佐《とさ》くろしお鉄道**土佐入野駅**から国道56号に進み、国道を渡って左に行くと、すぐにスーパーがある。右に行くと学校や住宅に続く坂道となり、終点に共同墓地がある。墓地奥の**八丁山登山口**から登りはじめる。駅から登山口まで25分ほどである。

道標から道なりに登っていくと、地蔵を祀った**杖立峠**《つえたて》に出る。木が茂って展望は利かないが、樹木の隙間からは田園風景が見える。春先には、ツツジの花が美しい。

峠から平坦な道が続き、「頂上まで500メートル」の道標がある**橘川との分岐**を右にとると尾根に出る。少し登りがきつくなり、平らになったところに**旧日本軍陣地跡**がある。ここは太平洋戦争末期に米軍が眼下の海岸から上陸する可能性もあったため、監視のための陣地

入野松原側から八丁山を望む

橘川との分岐近くのカゴノキ

■**鉄道・バス**
往路・復路＝土佐くろしお鉄道土佐入野駅。登山口の共同墓地まで徒歩25分。土佐入野駅には特急も全便停車する。

■**マイカー**
高知道を使い国道56号で黒潮町入野へ。スーパーのある信号を右折し、道なりに進むと共同墓地の駐車場があり、数台が駐車できる。あくまで墓参用の駐車場なので、利用は礼節をもって。

■**登山適期**
盛夏以外ならいつでも。秋は、夏の間に茂った雑草が登山道までかかっているところがあるため注意。

■**アドバイス**
▽土佐入野駅から徒歩5分のところに海辺のレストランホテル「ネストウエストガーデン土佐」（☎0880・43・0101）があり、大浴場で立ち寄り入浴ができる。
▽山頂から見える広大な砂浜（入野の浜～浮津の浜）は、サーフィンの人気スポット。近くにはキャンプ場や道の駅ビオスおおがたもある。5月連休には、はだしマラソンやTシャツアート展で一般の観光客も多い。

■**問合せ先**
黒潮町役場☎0880・43・2111

■**2万5000分ノ1地形図**
土佐佐賀・蕨岡

CHECK POINT

土佐入野駅から25分ほどで共同墓地奥の登山口に着く。車の場合はここから登りはじめる

杖立峠。お地蔵さんが祀ってある

「頂上まで500$^{メー}_{トル}$」道標がある橋川との分岐。案内にしたがい右へ進む

旧日本軍陣地跡。現在は樹林の中で展望は利かない

石像が祀られている八丁山の山頂。南側の太平洋側の展望が開けている

を置いたと伝えられている。現在は木が伸びて、ここから浜を望むことはできない。

再び坂を登りつめると、ほどなく180度展望の利く**八丁山**の山頂に出る。2等三角点と祠・石像がある。大方の街並みと入野松原、太平洋がよく見える。ゆっくり時間をすごしたい。

下山は往路を引き返す。

山頂からは太平洋が一望できる。右手海岸沿いには入野松原が見える

●著者紹介

高知県勤労者山岳連盟

　1972年発足。加盟団体は、高知勤労者山岳会、あるぷハイキングクラブ、かめのこ山の会で、会員総数は約130名。

　地域に根ざしながら遭難防止、安全な登山に力を入れて取り組んでおり、市民向けに安全登山を啓発する登山学校は2018年で37回目になる。

　1976年以来、「三嶺を守る会」の中心団体として、三嶺清掃登山をはじめ、ここ十年ほどは深刻化しているニホンジカの食害から三嶺を守る運動にも、行政や他団体と協力して取り組んできた。

　最近はハードなバリエーション登山をする機会が少なくなっているが、冬山、沢登りを含め、四国を中心に幅広い登山に取り組んでいる。

＊各山岳会の執筆担当は以下の通り。

・高知勤労者山岳会＝平家平・冠山、椿山、三嶺・天狗塚、白髪山（物部）、綱附森、土佐矢筈山・小桧曽山、高板山・奥神賀山、大ボシ山、梶ヶ森、鉢ヶ森、御在所山、西又山、千本山、程野の滝、工石山、仏ヶ峠・高峰ノ森、横倉山、蟠蛇森、中津明神山、添蚯蚓、三本杭、篠山、松尾峠、石見寺山、八丁山（岡部節子、奥代富美、川嶋之廣、小松 咲、澤本真季、竹島敏子、武政英一郎、中田 宏、西尾恒幸、福田奈那、松下満弓、松村 哲）

・あるぷハイキングクラブ＝大座礼山、東山森林公園、大森山・佐々連山、カガマシ山・橡尾山、笹ヶ峰・三傍示山、奥工石山〈工石山〉、野地峰・黒岩山、白髪山（本山）、鎌滝山、鷹羽ヶ森、南嶺、国見山〈雪光山〉、清滝山、雨ヶ森、五在所山、猿越山・雑誌山、天狗ノ森、不入山、鈴ヶ森、妹背山（石本律代、猪野 修、植田枝美、岡村友恵、岸本千穂、篠田充男、杉本博敏、西村悦二、古屋八重子）

・かめのこ山の会＝瓶ヶ森、子持権現山、伊予富士・東黒森、寒風山、笹ヶ峰、手箱山・筒上山、三ツ森山、稲叢山・西門山（秋山雅子、足達麻衣、笹岡恵里、田村麻美子、水田佐知）

編集・統括＝中田 宏（高知勤労者山岳会）

分県登山ガイド38

高知県の山

2019年 3月 1日 初版第1刷発行

著　者 —— 高知県勤労者山岳連盟
発行人 —— 川崎深雪
発行所 —— 株式会社 山と溪谷社
〒101-0051
東京都千代田区神田神保町 1 丁目 105 番地

■乱丁・落丁のお問合せ先
山と溪谷社自動応答サービス　TEL03-6837-5018
受付時間／10:00-12:00、13:00-17:30（土日、祝日を除く）

■内容に関するお問合せ先
山と溪谷社　TEL03-6744-1900（代表）

■書店・取次様からのお問合せ先
山と溪谷社受注センター
TEL03-6744-1919　FAX03-6744-1927

http://www.yamakei.co.jp/

印刷所 —— 大日本印刷株式会社
製本所 —— 株式会社明光社

ISBN978-4-635-02068-8

●乱丁、落丁などの不良品は送料小社負担でお取り替えいたします。
●定価はカバーに表示してあります。

●編集
吉田祐介
●編集協力
後藤厚子
●ブック・カバーデザイン
I.D.G.
● DTP
株式会社 千秋社（細井智喜）
● MAP
株式会社 千秋社（小島三奈）

■本書に掲載した地図は、国土地理院長の承認を得て、同院発行の数値地図（国土基本情報）電子国土基本図（地図情報）、数値地図（国土基本情報）電子国土基本図（地名情報）、数値地図（国土基本情報）基盤地図情報（数値標高モデル）及び数値地図（国土基本情報20万）を使用したものです。（承認番号 平30情使、第1065号）

■各紹介コースの「コース定数」および「体力度のランク」については、鹿屋体育大学教授・山本正嘉さんの指導とアドバイスに基づいて算出したものです。

■本書に掲載した歩行距離、累積標高差の計算には、DAN杉本さん作製の「カシミール3D」を利用させていただきました。